AF398335

Martin Reén

Barnaskap, Tro och Vision

Att vinna ny mark i Faderns kärlek

Översättning: Börje Norlén
Förlag: Healing Streams
Tryck: Libri Plureos GmbH, Hamburg, Tyskland
ISBN: 978-91-531-0038-6

Innehållsförteckning

FÖRORD

Detta är min fjärde och troligen sista bok, i den serie jag har valt att kalla *Förbli i Guds kärlek*. Visionen att skriva denna bok föddes i mitt hjärta under ett veckolångt seminarium, där jag var en av de som undervisade. Våra deltagare var en grupp helt underbara Jesus-älskare, som alla hade en stark kallelse till att vara kreativa pionjärer. Det var en mycket uppmuntrande vecka, med en stark andesmord undervisning och profetisk betjäning. Min bok, *Jesu Kristi brinnande kärlek*, hade just kommit ut vid tiden för skolan, så jag var lite tveksam till att börja skriva ännu en bok så tätt inpå. Men redan under första dagen på skolan, kände jag att jag skulle skriva den här boken.

Denna bok handlar om hur vi genom att växa i Faderns kärlek, blir uppresta till att leva i det arv och den välsignelse som tillhör oss som Guds barn. Vi tillhör Jesu kungliga familj och vi har fått mandatet att sprida Faderns kärlek, genom att utbreda hans rike överallt. Denna kallelse kan vi gå vidare in i med en frimodig tro, medan vi lever ut vårt barnaskap och identitet i Kristus.

"Jag säger er sanningen: Sonen kan inte göra något av sig själv, utan bara det han ser Fadern göra. Vad Fadern gör, det gör också Sonen. Fadern älskar Sonen och visar honom allt han gör, och större gärningar än dessa ska han visa honom så att ni blir förundrade" (Joh. 5:19-20).

Jesus handlade aldrig på eget initiativ. Hans tjänst var alltid en frukt av hans relation med sin Fader. Jesus gjorde endast det som han såg Fadern göra, och Fadern visade alltid Jesus det som han ville göra. Som Guds söner och döttrar har vi nu blivit kallade in i en liknande relation med Fadern. Detta innebär att vi som Guds barn är kallade att vandra i Jesu Kristi egen övervinnande tro.

Det är anledningen till att jag valt att kalla denna bok - *Barnaskap, Tro och Vision – Att vinna ny mark i Faderns kärlek*. När vi förblir i hans kärlek kommer vi att bli utmanade till att göra en trosresa in i fullheten av Faderns planer för oss. Mitt hopp och bön är att denna bok ska vara en källa till hopp, inspiration och en rejäl dos med uppenbarelse från Jesus!

Din bror i Kristus,
Martin Reén

INTRODUKTION

När kristna tänker på Faderns kärlek i allmänhet, så betraktar de det ofta som ett budskap till inre helande. Det är helt rätt att man tänker så, men att känna hans kärlek ger något långt mycket mer än bara inre läkedom. Det finns en härligt oförutsägbar vildhet i hans kärlek. Den bryter våra bojor, frigör oss från bundenhet och befriar oss från alla våra religiösa boxar och traditioner. Faderns kärlek kan aldrig förvaras i en box av mänskliga traditioner, eller fångas in i ett religiöst system. Faderns kärlek förnyar sinnet och förvandlar hjärtat på varje person som tar emot av den. Den reser upp oss genom att befria oss, både från all andlig fattigdom och torra traditioner. Mötet med Guds kärlek för oss in på en ny väg där vi kan vandra med Fadern, och leva ut livet i Kristus. När vi fylls av Faderns befriande kärlek, kommer vi att ledas fram längs de vägar vi aldrig gått tidigare.

Anledningen till att jag skrivit denna bok

Denna boks titel är *Barnaskap, Tro och Vision – Att vinna ny mark i Faderns kärlek*. Detta är den fjärde boken i en serie som fokuserar på hur vi kan göra det till vår livsstil, att leva älskade av Gud och aktivt förbli i hans kärlek. Denna bok bygger till ganska stor del på de sanningar jag tagit upp i de tre tidigare böckerna:

- *Förbli i Faderns kärlek*
- *Samarbeta med Kristi kärlek*
- *Jesu Kristi brinnande kärlek*

Jag föreslår att du läser även dessa böcker, eftersom de kommer att förmedla en djupare bild av Guds stora kärlek till dig. Denna bok har jag skrivit med syftet att lyfta fram en mycket viktig och fascinerande aspekt av Faderns kärlek, nämligen den vilda sidan av hans kärlek som gör oss till pionjärer och visionärer. Jesus sa:

*"Så älskade Gud världen att han utgav sin enfödde Son, för att var och
en som tror på honom inte ska gå förlorad utan ha evigt liv. Gud har
inte sänt sin Son till världen för att döma världen, utan för att världen
ska bli frälst genom honom"* (Joh. 3:16-17).

Med dessa ord fastslår Jesus att vår Fader aldrig kommer att ge
upp om någon människa. Han gör alltid allt han kan för att frälsa
och upprätta så många som möjligt. Vår Fader är väldigt kreativ
i att finna vägar att nå detta mål. Den gudomliga kärleken är det
som motiverar Fadern i allt han gör, och han vill nu fylla oss med
sin kärlek. När den kärleken får fylla oss, förvandlas våra hjärtan
och vi kommer då att börja se på verkligheten genom Kristi ögon,
och drömma hans drömmar. Detta gör oss till möjlighetstänkare
som kliver in himmelrikets kreativitet. Det är den enda vägen till
att finna nya vägar att nå världen med evangeliet om Jesus, och
att utbreda Guds rike här på jorden. Detta är vad den här boken
handlar om.

Att bryta sig ut ur religiösa boxar

När förblivandet i Faderns kärlek blir vår dagliga livsstil, förnyas
och förvandlas vi. Det kommer också att skapa en längtan i våra
hjärtan att bryta oss lös från alla de mänskliga begränsningar och
religiösa traditioner som hållit oss tillbaka. När vi gör det, kan vi
sträcka oss efter de visioner och uppgifter Jesus har förberett oss.
På den vägen är Abraham ett viktigt exempel för oss.

*"I tron lydde Abraham när han blev kallad att dra ut till ett land som
han skulle få i arv, och han gav sig i väg utan att veta vart han skulle
komma. I tron levde han i löfteslandet som i ett främmande land. Han
bodde i tält med Isak och Jakob som var medarvingar till samma löfte,
för han väntade på staden med de fasta grundvalarna vars byggmästare
och skapare är Gud"* (Hebr. 11:8-10).

I likhet med Abraham kommer vi då att bli utmanade att lämna
våra bekvämlighetszoner, och röra oss in i det förlovade landet.

Detta är en resa i tro, där vi ofta kommer göra upptäckten att vi inte riktigt vet vart vi är på väg. Vår livsstil och de val vi då måste göra, kommer inte längre leva upp till den religiösa världens alla förväntningar på hur en god kristen bör leva och agera. Det gör att vi kommer att bli missförstådda. Vi kommer att betraktas som ett märkligt folk. Men drivna av Kristi egen kärlek kommer vi att återspegla den frihet och frid, som finns hos Fadern (2 Kor. 5:14).

Kärlek som bryter ny mark

Det är uppenbart att Fadern idag reser upp gudsälskare, vars liv har förvandlats av Kristi kärlek och nåd. Det religiösa sättet att leva som kristen, kommer aldrig att fungera för dessa bröder och systrar. De kommer därför med nödvändighet att formas till att bli pionjärer och reformatorer, som skapar nya uttryck för livet i Kristus och Guds rike. Likt Josua kommer dessa gudsälskare att vandra vägar, de aldrig beträtt förut. *"Närmare bör ni inte komma den, för att ni skall veta vilken väg ni skall gå, eftersom ni inte har gått den vägen förut."* Och Josua sade till folket: *"Helga er, för i morgon skall Herren göra under bland er"* (Jos. 3:3-4 SFB98). Ibland kan det verka som att dessa människor inte riktigt vet vart de är på väg, men de leds in i löfteslandet av den helige Ande. De älskar Jesus passionerat och de kommer inte att ge upp, förrän de har intagit hela sitt löftesland. Jag antar att du som läser denna bok är en av dessa pionjärer. Jag skrev den här boken, just för att uppmuntra dig på denna vandring.

Bokens struktur

Denna bok består av två delar. I första delen kommer vi att titta närmare på några allmänna bibliska principer om hur vi kan leva ut vår relation som Guds barn, i frimodig tro som bryter ny mark. I den andra delen av boken skall vi studera Abrahams och Saras liv närmare, eftersom de är våra andliga föräldrar när det gäller tro. Deras liv är en förebild för alla de som lever av en himmelsk vision. Deras historia ger profetisk riktning för alla som utmanas att lämna sitt gamla religiösa liv, för i stället bejaka det uppdrag som Fadern har givit oss. Den kristna historien har alltid formats av de människor som älskar Gud, och drivs av den vision de har fått från Herren. De levde för att se visionen uppfyllas och kunde aldrig nöja sig med mindre. Genom att hålla fast vid vad de hade sett i Faderns hjärta, så formade de historien och förde vidare ett arv av välsignelser till oss. Abraham är ett stort exempel på detta.

Aktiveringsövningar

I slutet av varje kapitel finns ett antal aktiveringsövningar. Dessa finns med för att ge dig möjlighet att omsätta undervisningen i praktiken. Du kommer att få ut mer av bokens undervisning, om du tar dig tid att jobba med dessa övningar i bön. De kommer att hjälpa dig att tillsammans med den helige Ande, skaffa dig ännu djupare insikt i de ämnen som avhandlas i varje kapitel. Dessa är enkla att tillämpa, och de kommer att inspirera dig att växa i din intimitet med Jesus. De inkluderar egna anteckningar och därför vill jag föreslå att du har en anteckningsbok, din mobil, eller en surfplatta till hands när du läser denna bok. I Guds rike lär vi oss bäst genom att tillämpa Guds Ord. Dessa aktiveringsövningar är givande och spännande. Du kommer att lära dig mer om hur du kan samarbeta med den helige Ande genom dessa övningar.

Det har varit en glädje, men också en nyttig utmaning för mig att skriva denna bok. Under resans gång har jag utmanats att tillåta Faderns kärlek göra ett djupare verk i mitt hjärta. Det är helt klart för mig att Fadern leder oss vidare till nya platser i vårt liv med Jesus. Jag vet inte allt om vad det kommer att innebära för Guds folk, men jag är helt säker på att det kommer att bli långt mycket bättre än jag någonsin har vågat föreställa mig. Vår framtid med Jesus är verkligen spännande! Min förhoppning är att du skall bli lika uppmuntrad och välsignad av att läsa denna bok, som jag själv har blivit av att skriva den.

Del 1: Barnaskap och vision

I denna del av boken, kommer vi att titta närmare på vår andliga tjänst i det Nya Förbundet och hur vår kallelse är ett uttryck för vårt barnaskap och vår identitet i Kristus. Vetskapen om vilka vi är i honom, gör att vi kan leva i en frimodig tro när vi bygger den himmelska visionen från Gud. Vi kommer även att upptäcka hur uppenbarelsen om vår identitet i Kristus relaterar till ödmjukhet och brustenhet inför Jesus. Slutligen kommer vi också att studera hur vår tjänst består i att Kristus uttrycker sitt eget liv genom oss. Det är spännande att leva ut vårt barnaskap på ett sätt som gör att vi bär bestående frukt. Ett fruktbart liv i trons vila, bygger på vår uppenbarelse av Faderns hjärta och vår identitet i Kristus.

KAPITEL 1: EN UPPENBARELSE AV JESUS KRISTUS

Allt som har sant värde i Guds rike kommer alltid att födas ur en uppenbarelse av Faderns hjärta. Att växa till i hans stora kärlek, öppnar våra ögon så vi kan ta emot mer insikt och uppenbarelse från honom. När Fadern avslöjar nya sidor om sig själv förändras vårt perspektiv på verkligheten. Detta skapar i sin tur en längtan i våra hjärtan efter att finna nya vägar till att gensvara till honom. All uppenbarelse från Fadern skapar en helig otillfredsställelse i vårt hjärta, som hjälper oss inse att han har så mycket mer för oss än allt det vi hittills har upplevt i Guds rike. Både i evangelierna och Apostlagärningarna, kan vi läsa om vanliga människor som fick ett livsförvandlande möte med Jesus. De som mötte honom på detta sätt, kunde sedan aldrig återvända till sitt gamla liv. De hade för alltid blivit förvandlade av Guds nåd.

Från religiös terrorist till missionärspionjär

Aposteln Paulus omvändelse är ett tydligt exempel på detta. Han var på väg till staden Damaskus för att förfölja, och om möjligt också utplåna den kristna församlingen där. Han hade fått med sig en fullmakt från översteprästen att arrestera alla troende han kunde finna i Damaskus och föra dem som fångar, till fariséernas stora råd i Jerusalem (Apg. 9:1-2). Paulus var helt övertygad om att han gjorde det som var rätt. Han kunde ju Gamla testamentets skrifter utantill, och var helt säker på att dessa kristna hade blivit svårt bedragna. För Paulus var de kristnas blotta existens ett stort hot mot det judiska folkets framtid och hopp. När han var på väg till Damaskus uppenbarade sig plötsligt Jesus för honom, vilket förvandlade hela Paulus liv radikalt. Låt oss läsa hur Paulus själv beskriver denna omskakande upplevelse:

"Men när jag var på väg och närmade mig Damaskus mitt på dagen, strålade plötsligt ett starkt ljus från himlen omkring mig. Jag föll till marken och hörde en röst som sade till mig: Saul! Saul! Varför förföljer

du mig? Jag frågade: Vem är du, Herre? Han svarade: Jag är Jesus från Nasaret, den som du förföljer. De som var med mig såg ljuset men uppfattade inte rösten som talade till mig" (Apg. 22:6-9).

När Paulus mötte den uppståndne Kristus, insåg han snabbt att hans sätt att se på livet, liksom hans eget perspektiv på Gud och Skriften, behövde en genomgripande uppdatering! Paulus insåg att det var han som hade blivit svårt bedragen, men nu hade fått en uppenbarelse av Jesus och blivit befriad. När han insåg att han kämpat på fel sida, bad han Herren om hjälp:

"Jag frågade: Vad ska jag göra, Herre? Herren sade till mig: Res dig och gå in till Damaskus! Där ska du få veta allt som det är bestämt att du ska göra. Men efter strålglansen från ljuset kunde jag inte se, så mina följeslagare tog min hand och ledde mig så att jag kom till Damaskus" (Apg. 22:10-11).

Samma ljus som förblindade hans naturliga ögon, upplyste hans hjärta och gav andlig klarsyn. Aposteln Paulus är ett bra exempel på hur uppenbarelse från Jesus förvandlar vårt hjärta. Vanligtvis, kommer kanske inte uppenbarelsen till oss på ett lika dramatiskt sätt, men frukten blir alltid densamma. När uppenbarelsen från Gud genomlyser vårt hjärta, förändras vårt perspektiv på Jesus och det egna livet dramatiskt. Uppenbarelsen från Jesus kommer att utmana oss till att inta nya områden i Faderns kärlek.

Ett möte med Jesus förvandlar oss

När Paulus leddes in i Damaskus var han förblindad av det rena, strålande ljuset, som utgick från Jesus själv. Detta blev en väldigt ödmjukande upplevelse för Paulus, men Jesus ville aldrig att han skulle bli fast i sin skam. Jesus talade därför till en man som hette Ananias i en syn. Han var en av de lärjungar som tillhörde Kristi kropp i Damaskus. Han blev nu sänd av Jesus till Paulus, för att betjäna honom. Ananias bad för Paulus, som fick sin syn tillbaka

(Apg. 22:12-13). Därefter gav Ananias även en profetisk hälsning
till sin nyvunne broder:

*"Då sade Ananias: Våra fäders Gud har utvalt dig till att lära känna
hans vilja och att se den Rättfärdige och höra rösten från hans mun. Du
ska vara hans vittne inför alla människor och vittna om vad du har sett
och hört. Och nu, vad väntar du på? Res dig och låt dig döpas och
tvättas ren från dina synder och åkalla hans namn"* (Apg. 22:14-16).

När vi tar emot uppenbarelse från himlen, lämnar Gud oss aldrig
till att på egen hand lista ut vad uppenbarelsen betyder, eller hur
vi ska tillämpa den. Antingen kommer Jesus visa oss innebörden
av uppenbarelsen direkt, eller så sänder han någon till vår hjälp.
Paulus fick här ett profetiskt ord, som skulle bära honom under
resten av hans liv. Han fick en helt ny livsinriktning och började
gå på den väg som formade honom till en banbrytande missionär
och apostel. Vi behöver lära oss att ta emot de människor Kristus
sänder in i våra liv, som de stora gåvor de verkligen är. När Jesus
betjänar oss är det främst genom sin kropp.

Paulus flydde från Damaskus för att undkomma förföljelsen från
de religiösa judar som fanns där. Dessa såg nu på Paulus som en
förrädare, och ville döda honom. Paulus återvände till Jerusalem
och när han bad i templet, talade Herren till honom igen i en syn.
Jesus uppenbarade för Paulus att han inte skulle bli väl mottagen
i Jerusalem. I stället sände Jesus honom till att sprida evangeliet
ute bland hedningarna. *"Då sade han till mig: Gå, för jag ska sända
dig långt bort till hedningarna"* (Apg. 22:21). Detta förändrade
Paulus liv på ett radikalt sätt. Han hade blivit utbildad till att se
på världen som en religiös jude, men denna kallelse från Kristus,
gick tvärt emot det judiska folkets världsbild på den tiden. Detta
blir tydligt när vi ser den vrede som de kristnas proklamation av
evangeliet orsakade bland de religiösa ledarna i Jerusalem (Apg.
22:22-24). Denna uppenbarelse från Jesus förvandlade Paulus liv
för alltid. Han som hade varit en ledande religiös terrorist, blev
nu en apostel med ett pionjäruppdrag.

Uppenbarelse förvandlar våra liv

Uppenbarelser från Jesus kommer alltid att förvandla vårt liv och fylla oss med drömmar och visioner från Fadern. Den ges aldrig enbart för att förmedla information, utan för att plantera nytt liv från Gud in i vår ande. Uppenbarelsen leder till förvandling och möjliggör att vi kan leva det liv som vår Far har förberett för oss. Det är anledningen till att alla sanna pionjärer och reformatorer, alltid föds genom en förnyad uppenbarelse av Faderns hjärta. Vi behöver aldrig försöka bli vare sig pionjärer eller reformatorer. I stället ska vi be vår Fader om en djupare uppenbarelse från hans hjärta. Att lära känna honom på ett djupare sätt, kommer att leda oss vidare till att finna nya vägar för att utbreda Guds rike.

Uppenbarelse reformerar hjärtat

All förnyelse och reformation börjar i den troendes hjärta. Innan våra sinnen kan bli förnyade, behöver den helige Ande upplysa våra hjärtan. Det är anledningen till att Paulus bad denna bön för församlingen i Efesus:

"Jag ber att vår Herre Jesu Kristi Gud, härlighetens Far, ska ge er vishetens och uppenbarelsens Ande så att ni får en rätt kunskap om honom. Jag ber att era hjärtans ögon ska få ljus så att ni förstår vilket hopp han har kallat er till, hur rikt och härligt hans arv är bland de heliga och hur oerhört stor hans makt är i oss som tror, därför att hans väldiga kraft har varit verksam" (Ef. 1:17-19).

Ett hjärta som blir upplyst av uppenbarelsen om Faderns kärlek blir alltid förvandlat. Detta är ett nådens verk som Jesus gör i oss. I Guds rike kan aldrig sann förvandling äga rum genom vår egen kraft. Ibland kan vi känna oss frestade att handla utanför Guds timing och försöka pressa fram förändring i egen kraft, men det kommer aldrig producera någon god frukt i våra liv. Vi behöver lära oss att förtrösta helt på Guds nåd.

Jag försöker att aldrig ha min egen agenda för hur jag ska ta nästa steg i min tjänst, och inte heller vill jag jobba med egna strategier. De strategier jag jobbar utifrån, måste alltid komma från Kristus. De sista åren har jag blivit ledd till att ta ett antal steg in på okänd mark. Jesus har lett mig in på nya vägar, för att fullfölja visionen han har gett mig. Dessa nya steg har kommit som en direkt följd av att jag har fått se nya sidor av Faderns kärlek. Detta har sedan gett mig en tillväxt i vila och frid.

Att förnya sinnet

Uppenbarelse reformerar och förvandlar vårt hjärta. När vår inre människa förvandlas genom uppenbarelse från Gud, så kommer vår livsstil att förändras genom sinnets förnyelse: *"Och anpassa er inte efter den här världen, utan låt er förvandlas genom förnyelsen av ert sinne så att ni kan pröva vad som är Guds vilja: det som är gott och fullkomligt och behagar honom"* (Rom. 12:2). Det som kännetecknar ett förnyat sinne, är att det kopplar med Guds planer och syften. Det är då vi kan börja samarbeta med honom gällande hans plan för våra liv. Sinnets förnyelse börjar alltid med att vi bejakar den uppenbarelse vi får från Gud. Detta är anledningen till att det är så viktigt att vi förvaltar den uppenbarelse vi får från Herren, och att vi är snabba att gensvara till hans kallelse.

Att koppla ihop med en gudagiven vision

Vi har redan sett hur Paulus blev radikalt förvandlad genom sitt möte med den uppståndne Jesus. Denna upplevelse som Paulus fick vara med om, återges vid tre tillfällen i Apostlagärningarna. Det sista av dessa tillfällen återger hur Paulus får vittna om detta möte med Jesus, när han förhördes inför kung Agrippa. Paulus vittnar i detta förhör hur han gensvarade till den uppenbarelse som kom till honom från Jesus själv:

"Därför, kung Agrippa, har jag inte varit olydig mot den himmelska synen. Jag har predikat, först i Damaskus och sedan i Jerusalem och hela

Judeen och även ute bland hedningarna, att de ska ångra sig och omvända sig till Gud och göra gärningar som hör till omvändelsen" (Apg. 26:19-20).

Paulus var inte olydig mot den uppenbarelse han fick från Jesus. Han gensvarade till den genom att börja predika evangelium för hedningarna. I takt med att vi tar emot än mer uppenbarelse från Fadern, förvandlar den oss och vi kan återspegla Jesus tydligare. När vi lever i Guds vilja får vi kraft att bryta med gamla religiösa boxar och traditioner, så att vi kan erövra nya områden och sfärer för Gud. Vårt ansvar är att ha ett hjärta som är öppet för vår Far, och vara villiga att lyda det han visar oss.

Aktiveringsövningar

- Aposteln Paulus liv blev förvandlat genom en radikal uppenbarelse av Jesus. Hur har ditt liv blivit påverkat av de uppenbarelser du har tagit emot från den helige Ande? Ta lite tid för att reflektera över detta. Skriv ner de frukter av uppenbarelsen du har sett i ditt eget liv.

- Ta 20-30 minuter i bön. Be att den helige Ande ger dig ännu mer uppenbarelse på de speciella områden som omnämns här. Be den helige Ande upplysa ditt hjärta inom följande tre områden:

  1. *Faderns hjärta och Jesu fullbordade verk.*
  2. *Ditt arv som ett Guds barn.*
  3. *Den kallelse och uppgift du har i Kristus.*

  Skriv ner vad den helige Ande visar dig på inom dessa områden.

- Uppenbarelsen förvandlar våra hjärtan. Be Jesus visa dig på områden i ditt hjärta som behöver förvandlas. Be Jesus om ljus och uppenbarelse på dessa områden och inbjud honom att förvandla ditt inre liv. Skriv ner de områden han visar på och de insikter du får del av.

- Ta 20-30 minuter i bön för Kristi kropp. Be att Fadern ger mer uppenbarelse till Kristi kropp, så att vi kan ta emot färskt manna från himlen. Visar han dig några specifika områden där uppenbarelsen om Jesus måste växa till i Kristi kropp? Skriv i så fall ner det den helige Ande visar dig och fortsätt be för Kristi kropp.

KAPITEL 2: UPPENBARELSE OCH BARNASKAP

När vår uppenbarelse av Fadern växer sig djupare, kommer vi också att växa in i vår identitet i Kristus. Om du har kallelsen att föda fram och bygga upp en vision från Jesus, måste din identitet och barnaskap bli befäst. En viktig princip i Guds rike är att allt vi gör för Gud, är tänkt att växa fram utifrån vilka vi är i Kristus. Därför är det så viktigt att vi förstår att nyckeln till att leva ut vår identitet i Kristus, ligger i att vi vet att vi är vår Fars älskade barn. Eftersom vår identitet i Kristus är en beskrivning av vår position som Guds barn, kan vi aldrig ta till oss vår sanna identitet utan att lära känna Faderns hjärta. Vår sanna identitet blir alltid synlig genom att vi förblir i hans kärlek.

Jag har med tiden lärt mig att definiera mig själv som min Faders rikligt välsignade och högt älskade son. Jag håller på med många olika spännande projekt i Guds rike. Jag skriver böcker, spelar in poddar och håller i ett antal bibelskolor på nätet. Dessutom reser jag för att predika evangeliet, över hela Skandinavien och många andra länder. Men det är inte i något av detta, som jag finner min identitet som troende. Min identitet finns bara i Kristus. Det har varit en extrem befrielse för mig att hitta min sanna självbild och värde i Kristus. Jag är min Faders älskade son, och han har hjälpt mig att inte falla in i en prestationsbaserad tjänst eller ett sökande efter position. Det har också hjälpt mig att inte falla för frestelsen, att försöka finna min identitet i de resultat, eller välsignelser som kommer med den uppgift jag står i.

Fadern slösar sin kärlek på oss

"Se vilken kärlek Fadern har skänkt oss: att vi får kallas Guds barn! Och det är vi också. Världen känner oss inte, eftersom den inte har lärt känna honom" (1 Joh. 3:1).

När Bibeln beskriver Faderns kärlek gentemot sina barn är det inte beskrivet på ett balanserat sätt. Guds Ord använder i stället ett rikt och livligt språk, som beskriver hans överflödande kärlek. Fadern älskar oss mer än vi någonsin ens kan börja förstå. Vi är hans ögonsten och gläder hans hjärta på ett djupgående sätt. Han öser all sin passionerade kärlek över oss, och kallar oss sina egna barn. Allt detta gör han på grund av sin stora godhet mot oss.

Vår Fader utvalde oss och bjöd in oss till sin egen familj. För den av oss som blivit förkastad och övergiven av en eller kanske båda sina föräldrar, så är detta mycket goda nyheter. Vi finner ett sant och djupt helande i vissheten om att långt innan någon mänsklig förälder någonsin hade förkastat oss, hade vår himmelske Fader redan utvalt oss som sina egna barn. Den faderlösa identiteten är en stor fet lögn. Sanningen är att vi alltid har haft världens allra bästa Far. Han har alltid längtat efter att föra oss hem till sig. Att förbli i Faderns kärlek, förvandlar oss till generösa och kreativa individer som brinner med en helig eld.

Världen känner oss inte

Eftersom världen inte känner Faderns hjärta, kan den inte heller veta vilka vi är. Därför måste vi vara medvetna om vem vi tillåter forma och influera vår självbild. Det är viktigt att vi lär oss leva i enlighet med vår identitet som Guds barn, för det är bara Fadern som ser oss som de människor vi verkligen är. Om vi vänder oss till världen för att få en bättre självbild, kan det säkerligen finnas bra hjälp och fungerande verktyg för detta. Men ändå skulle den eventuella hjälp vi kan få tag på i världen vara väldigt begränsad, eftersom världen inte känner vår identitet i Kristus. Vi behöver den helige Andes uppenbarelse för att få tag på vår identitet som Guds barn. Om vi inte känner Faderns hjärta och hans kärlek till oss, kommer vi att förbli faderlösa, oavsett hur mycket vi arbetar med vår självbild. Vi kanske då, i och för sig, blir faderlösa med en något bättre självkänsla, men det är bara i Faderns kärlek som vi blir rotade i ett sant barnaskap.

Lögnen om den faderlösa identiteten

Den faderlösa identiteten har sitt ursprung i Satan själv. Han var den första personen i historien som valde faderlöshet, genom sitt uppror mot Guds auktoritet. Som en tragisk konsekvens av sitt uppror förlorade Satan allt och förvisades ner i graven (Jes. 14:12-16). Hans främsta mål är att bedra oss, så att vi tar till oss samma faderlösa identitet, som den han lever med. Satan vill att vi skall förlora vår identitet och vårt arv, på samma sätt som han en gång gjorde. Det försöker han få åstadkomma, genom att lura oss till att tro att Fadern inte är intresserad av oss. Han vill att vi ska tro att vi inte längre är värdiga att bli älskade.

Om vi lyssnar till dessa lögner kommer vi att luras in i ett liv som faderlösa, trots att vi egentligen alltid befinner oss i Faderns hus. Den faderlöse har förlorat sina föräldrar. Som ett resultat av det har den personen varken hem, rötter, eller arv. På grund av detta kommer den faderlösa personens liv präglas av en ständig kamp för vinna identitet, tillhörighet och arvsrätt (Du kan läsa mer om detta i min bok *Förbli i Faderns kärlek*).

Vi behöver inse att den faderlösa identiteten är baserad på en ren lögn. Som ett Guds barn blir du aldrig någonsin faderlös mer. Du är en älskad son eller dotter, och Faderns allra djupaste längtan är att du ska veta att du är hans utvalda och älskade barn. Jesus proklamerade: *"Jag ska inte lämna er faderlösa, jag ska komma till er"* (Joh. 14:18). Detta uttalande uppenbarar vad Kristus vann för oss genom sin seger på korset. Vi är inte längre faderlösa. Vi lever nu i vår Faders närhet hela tiden och när vi förblir i hans kärlek, kommer vi att lära oss att leva ut vår identitet i Kristus. Vi är nu Kristi medarvingar och har fått del av vårt arv, som består av all den himmelska världens välsignelser i Kristus.

Endast Fadern kan erbjuda barnaskap

Som vi har konstaterat, finner vi vår identitet i Kristus genom att lära känna Faderns hjärta. Det är nämligen bara Fadern som kan upprätta oss i vår identitet som söner. Att vara en son, handlar i detta sammanhang inte om kön, utan här talas det om en andlig position. Både män och kvinnor får del av samma barnaskap och arv när de tar emot Jesus. *"Och eftersom ni är söner har Gud sänt i våra hjärtan sin Sons Ande, som ropar: Abba! Far! Alltså är du inte längre slav utan son. Och är du son är du också arvinge, insatt av Gud"* (Gal. 4:6-7). Varje gång Bibeln uttalar sig om vilka vi är i Kristus, så beskrivs en särskild aspekt av det arv vi tagit emot som Guds barn. Faderns kärlek formar våra liv, så att vi kan leva utifrån vår identitet i Kristus och ta emot alla hans löften. Detta är inget som händer på en gång. Det är en livslång process av att lära sig förbli i Faderns kärlek och upptäcka mer av vilka vi är i Kristus. När vi ger oss till denna inre process, så förmedlar hans kärlek helande till vårt hjärta och vår själ. Förkastelse och övergivenhet kommer inte längre få något utrymme i våra hjärtan. Vi kommer i stället att bli fyllda av Faderns bekräftelse och kärlek. Då kan vi vandra i nära gemenskap med Kristus. Han har ju tydligt lovat att aldrig lämna eller överge oss.

Vi utvaldes av Fadern

Vi har redan sett att det var vår Fader som utvalde oss till att vara hans barn och inte tvärtom. Den sanningen är grundläggande för att vi ska veta att vi duger inför Gud. Paulus tar upp det ämnet i sitt brev till församlingen i Efesus:

"Han har utvalt oss i honom före världens skapelse till att vara heliga och fläckfria inför honom. I kärlek har han förutbestämt oss till barnaskap hos honom genom Jesus Kristus, efter sin goda viljas beslut, till ära och pris för den nåd som han har skänkt oss i den Älskade. I honom är vi friköpta genom hans blod och har förlåtelse för våra synder" (Ef. 1:4-6).

Insikten om att vi blev utvalda av Fadern, till och med innan han skapade världen, är verkligen omskakande. Universums skapare såg framåt genom tid och rum, och såg dagen då vi skulle födas. Han älskade oss så högt att han utvalde oss till att bli hans barn. Fadern har alltid längtat efter att uppenbara sig själv för oss, och inbjuda oss att bli en del av hans familj.

Vi behöver inse att Gud vill ha oss i sin närvaro. Han älskar oss så mycket att Jesus fick gå igenom ett enormt lidande, för att leda oss hem till Far. Fadern älskar oss faktiskt lika mycket som han älskar Jesus. Jag har betjänat många människor genom åren som uttryckt att de tror sig vara ett misstag, och att de inte är värdiga att älskas. Sanningen är faktiskt att ingen människa någonsin har varit oönskad. Din Far har utvalt dig och han vill uppenbara sin stora kärlek för dig. När du tillåter den helige Ande att verka i ditt hjärta, så kommer hans bekräftelse och kärlek läka skadorna i din själ. Han kommer att fortsätta sitt arbete med dig, ända tills du inser att du är utvald och älskad av din himmelske Fader.

Min process till att bli en älskad son

När jag tänker på min egen resa, som tog mig från att ha varit en frustrerad lärjunge, in i livet som en älskad son är det tydligt att det inte hände på en gång. Min Far förde mig igenom en process då jag blev befriad och upprättad från min identitet som faderlös. Den processen varade under ett antal år. Under den tiden gjorde han ett genomgripande verk i mitt hjärta. När mitt hjärta läktes i mötet med hans kärlek, lades en ny grund i mitt inre liv. Jag vet nu att jag är hans älskade son och arvinge. Detta har blivit min fasta grund och identitet. Detta gäller förstås inte bara mig, utan varje troende är hans älskade, favoriserade och välsignade barn!

Den förvandlande kraften i hans kärlek

Vi inledde detta kapitel med att läsa från 1 Joh. 3:1. Nu fortsätter vi med nästa vers: *"Mina älskade, nu är vi Guds barn, och än är det inte uppenbarat vad vi ska bli. Men vi vet att när han uppenbaras ska vi bli lika honom, för då får vi se honom sådan han är"* (1 Joh. 3:2). Vi är redan hans barn, men samtidigt växer och förnyas vi också i vårt barnaskap. Tidvis kan det att vara svårt för oss att förstå den helige Andes förvandlande verk i våra liv, men vi kan lita på att målet för all förvandling är likhet med Kristus. Den helige Ande kommer alltid röra sig i den riktningen. Det är vår trygga grund. *"Och hoppet sviker oss inte, för Guds kärlek är utgjuten i våra hjärtan genom den helige Ande som han har gett oss"* (Rom. 5:5). Våra liv är tänkta att återspegla Jesu Kristi liv. Jesus kom till den här världen för att uppenbara Faderns hjärta för människor, och detta har nu också blivit vår kallelse. Jesus kom hit till världen för att förbinda dem som har trasiga hjärtan och utropa frihet för de fångna. Den uppgiften har han nu delegerat till oss. Ett liv i ett sant barnaskap återspeglar alltid Jesu liv.

Aktiveringsövningar

- Fadern öser alltid sin kärlek över dig i överflöd. Ta 20-30 minuter i bön, då du ber honom visa dig sin kärlek. Bli sedan stilla inför honom, och drick djupt från den ström av kärlek som flödar från Faderns hjärta.

- Vi har konstaterat att resan från en faderlös identitet, till att upprättas in i vår identitet som Guds barn är en process. Var befinner du dig i denna process? Finns det områden i ditt liv, där du fortfarande kämpar med faderlöshet? Ta tid att reflektera över detta och skriv ned de tankar som kommer till dig. Be Fadern utgjuta sin kärlek på de områden i ditt hjärta, där du behöver bli läkt från de inre sår som faderlösheten har orsakat.

- Vi ha läst 1 Joh. 3:1-2. Ta tid att reflektera över dessa verser tillsammans med den helige Ande. Be honom att ge mer uppenbarelse till dig, gällande dessa verser. Skriv ner det som Anden visar dig.

- Ta tid i förbön för Kristi kropp. Be om att vi skall växa in i en ännu starkare uppenbarelse om vårt barnaskap och vår identitet i Kristus. Be Fadern att han ger den vishet som behövs till sitt folk, så att vi på allra bästa sätt kan förvalta Andens uppenbarelse.

KAPITEL 3: VI HAR FÅTT SÖNERS RÄTT

"Men när tiden var inne sände Gud sin Son, född av kvinna och ställd under lagen, för att friköpa dem som stod under lagen så att vi skulle få söners rätt (Gal. 4:4-5).

En mycket kraftfull aspekt av vårt arv som söner och döttrar till Gud, är att vi nu har fått full rätt till vårt arv i Kristus. Om vi vill leva ett segerrikt liv är det viktigt att vi vet detta. Det kommer att hjälpa oss när vi intar ny mark i Guds rike. Vi har blivit arvingar och ambassadörer för Jesus Kristus. Det innebär att han har gett oss sin fulla tillåtelse och mandat att representera honom här och nu. Vi är utrustade att regera i liv med Jesus (Rom. 5:17).

Vi läser här om att vi skulle "få söners rätt". Det handlar i detta sammanhang inte om att adoptera ett barn som sitt eget. Snarare kan det beskrivas som att adoptera sitt eget barn in i familjen. Låt mig förklara detta lite närmare. Det grekiska ord som används i texten är ordet *"huiothesia"*, som bokstavligt betyder *"att ta plats som son, till exempel genom adoption"*. Detta ord användes för att beskriva hur den förstfödde sonen tog sin plats i vuxenlivet. Det åsyftar den ceremoni som utfördes i samband med att den vuxne sonen proklamerades som en fullvärdig medlem i familjen. Han tilldelades då de rättigheter och privilegier som rätteligen skulle tillhöra en vuxen son. Ceremonin symboliserade hur sonen, som redan tillhörde familjen, blev bemyndigad och klev in i de fulla rättigheter som kom med vuxenlivet. Detta är vad vår Fader har gjort för oss genom Jesus Kristus.

Lagen var vår förmyndare

Vi läste att Jesus befriade oss från lagen, så att vi skulle kunna ta emot vår fulla arvsrätt som söner och döttrar. Detta gjorde Jesus genom att lösa oss från lagen. Fram till korset hade nämligen alla människor varit bundna till lagen, som också fungerade som vår förmyndare. Också de som är hedningar, har ju Guds lag skriven i sina samveten. Detta är anledningen till att lagen beskrivs som den grundläggande mänskliga drivkraften i vår värld. Lagiskhet och religion finns i alla kulturer, även i alla de sammanhang där lagen inte uttrycks lika tydligt som i de tio budorden.

"Jag menar: så länge arvingen är omyndig är det ingen skillnad mellan honom och en slav, trots att han är ägare till allt. Han står under förmyndare och förvaltare fram till den dag som hans far har bestämt. På samma sätt var det med oss. Så länge vi var omyndiga var vi slavar under världens makter" (Gal. 4:1-3).

Dessa verser beskriver en generell sanning som uttrycker hur vi som ofrälsta var slavar under lagen, men de beskriver också vårt personliga liv. Om vi ännu inte har fått tag på friheten i det Nya Förbundet, lever vi fortfarande under lagens tunga bördor. I det läget blir det omöjligt för oss att ta del av alla de förmåner som tillkommer oss som Guds barn. Vi kommer då i stället att hamna i andligt slaveri igen, trots att den fulla arvsrätten nu tillhör oss i Kristus. Lagiskheten kräver av oss att vi skall leva för att få Guds välbehag och godkännande. Detta skapar en stressad livsstil där vi ständigt försöker förtjäna Faderns välsignelse. Att relatera till honom på det sättet har inget med barnaskap att göra, och därför begränsar lagiskheten oss från att få del av den fulla välsignelsen av vårt arv.

De goda nyheterna är att Guds avsikt med oss är att lösa oss från all lagiskhet. Då kan vi leva i fullheten av all den frihet som Jesus vunnit för oss, genom sitt fullbordade verk på korset. Vår Fader fullbordar alltid det verk som han påbörjat inom oss. Vi kan vara helt trygga i att hans plan att frigöra oss kommer att fungera (Fil. 1:6). Om vi tillåter honom forma våra liv, kommer vi bli befriade från all religiös strävan. Vi får då byta lagiskhetens ok, mot en ny livsstil av att förbli i Faderns kärlek.

Att vara fylld med barnaskapets Ande

Vi ska snart definiera hur det ser ut när vi lever i våra rättigheter som söner. Då kan vi leva ut den frihet vi har fått i Kristus. Men låt oss först studera hur den helige Ande verkar i våra liv, för att grunda oss i vårt barnaskap. Anden är vår Hjälpare, som hjälper oss att hitta, och grundas i vår identitet i Kristus. Vi behöver helt klart all hjälp vi kan få med detta, eftersom vi aldrig kan greppa eller ta emot vår nya identitet i oss själva. *"Eftersom ni är söner har Gud sänt i våra hjärtan sin Sons Ande, som ropar: 'Abba! Far'! Alltså är du inte längre slav utan son. Och är du son är du också arvinge, insatt av Gud"* (Gal. 4:6-7). Fadern har sänt den helige Ande in i våra hjärtan, för att ropa "Abba Fader" inifrån våra hjärtan. Han fortsätter med detta, tills detta rop har blivit vårt hjärtas visshet och bön. Det är så vi blir lösta från det andliga slaveri det innebär att leva under lagen.

I takt med att den helige Ande grundar oss i vårt barnaskap, så kommer vi parallellt med det att växa in i vår identitet som Kristi arvingar. Detta kommer att landa i att vi börjar leva som mogna söner och döttrar, som återspeglar vår älskade Fars hjärta. Paulus förklarar denna sanning i Romarbrevet: *"Ni har inte fått slaveriets ande så att ni på nytt måste leva i fruktan. Nej, ni har fått barnaskapets Ande, och i honom ropar vi: 'Abba! Far'!"* (Rom. 8:15-16). Att vara mogna barn till vår Fader, innebär att vi alltmer växer in i det arv vi har fått i Kristus, så att våra liv uppenbarar Faderns hjärta.

Jesus tog del av sitt arv som den förstfödde Sonen

Jesus tilldelades alla de rättigheter som tillkom honom som den förstfödde Sonen, när han blev döpt av Johannes Döparen. Från den stunden började Jesus verka i sin fulla smörjelse som Kristus – den Smorde. Den helige Ande sänkte sig som en duva över Jesus, och fyllde honom med kraft. Samtidigt som detta skedde, uttalade Fadern en kraftfull proklamation över sin älskade Son, där han uttryckte sin djupa kärlek till honom:

"När Jesus hade blivit döpt, steg han genast upp ur vattnet. Då öppnades himlen, och han såg Guds Ande sänka sig ner som en duva och komma över honom. Och en röst från himlen sade: "Han är min älskade Son. I honom har jag min glädje" (Matt. 3:16-17).

Det var i detta ögonblick som Jesus klev in i sin tjänst. Hans första uppgift var att övervinna alla djävulens frestelser i öknen. Sedan började han predika evangeliet om Guds rike, och med det följde under och tecken. Jesus verkade i sin fulla auktoritet som Son och hade en extrem favör med både människor och Gud. Detta hade aldrig hänt förut. Lukas beskriver hur Jesu tjänst gjorde intryck i Galileen: *"I Andens kraft återvände Jesus till Galileen, och ryktet om honom gick ut i hela området. Han undervisade i deras synagogor och fick lovord av alla"* (Luk. 4:14-15). Jesus verkade nu i kraften av sitt arv som Guds förstfödde Son. Han visade med detta, vilken kraft och auktoritet det finns i vårt barnaskap och arv. Detta var första gången i historien, som en människa fullt ut levde i de rättigheter och den auktoritet som givits honom som Guds Son. Genom Jesu eget liv gav Fadern en helt perfekt illustration till oss, av hur en livsstil av förblivande i Faderns kärlek ser ut.

Varje son och dotter till Gud har nu möjlighet att verka i samma smörjelse och favör som vilade över Jesus. Detta har alltid varit Faderns plan. *"Dem som han i förväg har känt som sina har han också förutbestämt till att formas efter hans Sons bild, så att Sonen blir den förstfödde bland många bröder"* (Rom. 8:29). Jesus var förutbestämd att uppenbara Faderns hjärta i världen, och han har utvalt oss till att göra samma sak. Detta är mycket goda nyheter för oss!

Den förstfödde sonens smörjelse

När Jesus återvände till Nasaret som var hans hemstad, gick han genast till synagogan. Där läste han ett stycke ur profeten Jesajas bokrulle: *"Herrens Ande är över mig, för han har smort mig till att förkunna glädjens budskap för de fattiga. Han har sänt mig att utropa frihet för de fångna och syn för de blinda, att ge de förtryckta frihet och förkunna ett nådens år från Herren"* (Luk. 4:18-19). Detta profetiska uttalande beskriver den smörjelse som skulle vila över Messias, men den beskriver också vad som händer när Guds Son fungerar i kraft av sina rättigheter och sin arvslott. Lukas fortsätter sedan: *"Sedan rullade han ihop bokrullen, räckte den till tjänaren och satte sig. Alla i synagogan hade sina ögon fästa på honom. Då började han tala till dem: 'I dag har det här stället i Skriften gått i uppfyllelse inför er som lyssnar'"* (Luk. 4:20-21). Skriftens ord uppfylldes inför folket, när Guds älskade Son trädde fram mitt ibland dem. Dessa verser från Jesaja 61 har ibland kallats för "Messias mandat", vilket det ju också är. Men det beskriver också vårt mandat som Guds barn. Vi har blivit kallade att representera Fadern, genom att fungera i fullheten av vårt arv. När vi träder in i fullheten av de rättigheter och välsignelser som tillhör vårt barnaskap, kommer vi vandra i samma kraft som Kristus gjorde. Hela skapelsen längtar efter att Guds barns härlighet ska uppenbaras på jorden (Rom. 8:19).

Som han är, sådana är också vi i den här världen

När vi blev födda på nytt blev vi Guds barn, vilket innebär att vi har samma ställning hos vår Far som Jesus själv. *"Så har kärleken nått sitt mål hos oss: att vi har frimodighet på domens dag. För sådan han är, sådana är också vi i den här världen"* (1 Joh. 4:17). Eftersom vi nu är i Kristus, kommer vi att finna vår sanna identitet genom att lära känna vem han är. Vår identitet är uppenbarad i honom. Jesus är den förstfödde bland många bröder, och vi ser ut precis som honom. Jesu liv och tjänst är själva ritningen för våra liv och tjänst. Vi har tagit emot vår Faders fulla godkännande, och blivit smorda med den helige Andes kraft. Vi har nu tillgång till våra rättigheter och vårt arv som mogna söner till Gud. Vi är kallade att representera vår Fader, och har också sänts ut till uppenbara Jesus i vår värld. Vi har tillgång till samma smörjelse och favör som Jesus själv verkade i. Vår Fader tror på oss och förväntar sig att också vi representerar honom på bästa sätt. Det ligger mycket upprättelse i uppenbarelsen om att vår Fader ger oss förtroende. Han litar på att vi kommer att representera honom väl.

Hur det ser ut när vi lever i våra rättigheter som söner

När Petrus predikade evangeliet i Kornelius hus, så beskrev han Kristi tjänst på följande sätt: *"Gud smorde Jesus från Nasaret med den helige Ande och kraft. Han gick omkring och gjorde gott och botade alla som var i djävulens våld, för Gud var med honom"* (Apg. 10:38). Eftersom våra liv är menat att återspegla Kristi eget liv, beskriver denna text hur vår tjänst som Guds barns ser ut. Det kommer att sägas om oss att vi är Guds barn, som *"gör gott och botar alla som är i djävulens våld, för Gud är med oss"*.

Som vi redan har sett, beskriver Luk. 4:18-19 den smörjelse som vilar över Guds barn. Detta skriftställe är vår arbetsbeskrivning. Denna text visar oss fem saker vi har blivit smorda till att utföra. Innan vi tittar närmare på dessa saker, skall vi också läsa dessa verser från Jesaja kapitel 61. Det är där vi hittar den profetia om Messias mandat som Jesus läste i Nasaret. När vi läser från denna profetia, men fortsätter där Jesus slutade, så hittar vi fler punkter att lägga till vår arbetsbeskrivning. Så här lyder dessa verser:

"Herrens, Herrens Ande är över mig, ty Herren har smort mig till att predika glädjens budskap för de ödmjuka. Han har sänt mig att förbinda dem som har ett förkrossat hjärta, att ropa ut frihet för de fångna och befrielse för de bundna, till att predika ett nådens år från Herren och en hämndens dag från vår Gud, för att trösta alla sörjande, för att låta de sörjande i Sion få huvudprydnad i stället för aska, glädjens olja i stället för sorg, lovprisningens klädnad i stället för en modfälld ande"
(Jes. 61:1-3 SFB98).

Vår arbetsbeskrivning

När vi lägger samman Lukas 4 och Jesaja 61, så hittar vi följande lista över vad vi som Guds barn, har blivit smorda till att utföra. Herrens Ande är över dig, för han har smort dig till att:

- *Förkunna glädjens budskap för de fattiga och ödmjuka.*
  Vi har blivit smorda och sända till att predika evangeliet
  för en värld som längtar efter att höra de goda nyheterna
  om Jesus. Varje människa som ännu inte känner Jesus,
  lever i andlig fattigdom, och det är vårt stora privilegium
  att få presentera Kristi outtömliga rikedomar för dem.

- *Förbinda dem som har ett förkrossat hjärta.*
  Jesus är vår själs herde och vårdare. Han vill nu fortsätta
  denna viktiga tjänst genom oss. Därför har han utrustat
  oss till att förbinda alla dem som har förkrossade hjärtan.
  Helandesmörjelsen kommer att fungera starkt i våra liv,
  när vi överlåter oss till detta.

- *Utropa frihet för de fångna.*
  Det finns många olika slags fångenskap i vår värld idag.
  Människor är bundna av både synd, och de destruktiva
  vanor som följer av en sådan livsstil. Många sitter också
  fast i fångenskap utan att veta om det, men vi har nu fått
  det härliga uppdraget att bryta dessa bördor, och befria
  alla fångar (Jes. 58:6).

- *Syn för de blinda.*
  Jesus kommer att öppna blindas ögon genom oss. Denna
  kallelse innefattar både fysisk och andlig blindhet. När
  vi uppenbarar Faderns hjärta i denna värld, kommer de
  människor vi betjänar få sin andliga syn tillbaka och lära
  känna Gud som han verkligen är.

- *Ge de förtryckta frihet.*
  Vi läste om hur Jesus botade alla de som var plågade och
  förtryckta av djävulens. Detta är också vår kallelse som
  söner och döttrar. Varhelst vi kan urskilja att demoniskt
  betryck binder människor, har vi också fått auktoritet att
  sätta dem fria.

- *Förkunna ett nådens år från Herren.*
  Vi lever idag i det Nya Förbundet, som här beskrivs som
  ett nådens år från Herren och en frälsningens dag (2 Kor.
  6:1-2). Nu är det dags för oss att proklamera evangeliets
  goda nyheter. Vi lever i en tid när Jesus genom oss vill
  uppenbara sin stora nåd till världen. Vi har blivit smorda
  till att predika evangeliets goda nyheter.

- *Förkunna en hämndens dag från vår Gud.*
  Detta handlar inte om att Guds hämnas på oss, utan det
  handlar i stället om hur han hämnas genom att förstöra
  djävulen verk. Vi har blivit smorda till att bryta makten
  av all demonisk aktivitet, och förmedla full upprättelse
  från den skada som djävulen har orsakat (1 Joh. 3:8).

- *Trösta alla sörjande.*
  Vår Gud är barmhärtighetens Far och all trösts Gud. Vi
  uppenbarar hans hjärta genom att trösta dem som sörjer.
  När vi visar barmhärtighet genom att trösta de sörjande,
  kommer många bli helade i mötet med Faderns hjärta.

- *Ge huvudprydnad i stället för aska.*
  Våra sår, misslyckanden och trasighet kan liknas vid en
  hög med aska. Många människor tror att detta är deras
  identitet, men detta är inte deras sanna identitet. Fadern
  vill att de ska veta att de är hans älskade barn. Han vill
  kröna dem med sin egen härlighet och favör, genom att
  vi förmedlar helande och upprättelse.

- *Ge glädjens olja i stället för sorg.*
  Glädjen i Herren är vår starkhet, och att kunna glädja sig
  i den helige Ande är grundläggande, för att vi skall leva
  i Guds barns härliga frihet. Vår Far vill fylla den sörjande
  med glädjens olja. Det är vårt uppdrag att förmedla tröst
  från Fadern till dem som sörjer och förlösa glädjens olja.

- *Ge lovsångsdräkt i stället för en modfälld ande.*
  Vår Far vill att vi ska leva i en livsstil av lovprisning och
  tillbedjan. Detta är den bästa medicinen mot hopplöshet
  och besvikelse. Fadern har sänt oss ut i denna värld för
  att bryta sönder varje ok av hopplöshet, och erbjuda en
  lovsångsdräkt i stället.

När vi tar emot vårt arv som Guds barn kommer världen att bli
förvandlad. Vår tjänst som söner och döttrar, kommer likna det
som beskrivs i Jesaja 61 och Lukas 4:17-18. Vi kommer med andra
ord att vandra i det mandat som Jesus själv tog emot från sin Far.
Du kan frimodigt förvänta dig att denna smörjelse ska bli synlig
i ditt liv när du intar din plats som Guds barn. Genom att förbli
i Faderns kärlek, kliver vi in i den smörjelse som följer med vårt
barnaskap. Hela skapelsen väntar ivrigt på att Guds barn ska bli
synliga på detta sätt. Vi lever nu i återupprättelsens tid, då detta
kommer att ske mer och mer.

Fadern kommer att betjäna oss

Vi behöver höra vår Far tala sina ord av kärlek och uppskattning
till oss varje dag. Som Jesus är, så är också vi i den här världen.
Samma ord av kärlek, uppskattning och bekräftelse som Fadern
proklamerade över Jesus, talar han nu också in i våra hjärtan. Vi
behöver dagligen höra dessa ord: *Du är min älskade Son. I dig har
jag min glädje.* Jag har bett min Far att säga dessa ord till mig varje
dag. Hans ord tröstar, uppmuntrar och förnyar min själ. Att veta
att min Fader är helt nöjd med mig, har varit en av de dyrbaraste
uppenbarelser jag fått del av i mitt liv. När du fortsätter att dricka
av hans kärlek så kommer alla de välsignelser som vi räknat upp
bli synliga också i ditt liv. Du kommer att ikläda dig lovsångens
dräkt, och leva i ett flöde av helande som ger en växande glädje.
Du kommer att bli allt friare och uppleva mer favör, eftersom din
Far älskar dig!

Aktiveringsövningar

- Du har tagit emot dina fulla rättigheter som Guds barn. Det innebär att du nu har auktoritet att representera din himmelske Fader i den här världen. Ta tid att reflektera över denna sanning. Bjud in den helige Ande att visa dig hur detta påverkar ditt liv. Skriv ner de insikter du får.

- Samma kärleksord som Fadern talade till Jesus, vill han nu tala till ditt hjärta: *Du är mitt älskade barn. I dig har jag min glädje.* Avsätt tid till gemenskap med din himmelske Fader, och låt honom tala dessa ord av bekräftelse till ditt hjärta. Skriv ner de ord han talar till dig.

- I detta kapitel har vi läst om barnaskapets smörjelse som den beskrivs i Lukas 4 och Jesaja 61. Gå tillbaka till listan över vad vi har blivit smorda till att göra som Guds barn. Vilka av de punkter som nämns fungerar du redan i? På vilka av dessa områden, längtar du efter att din tjänst ska utvecklas? Be din Far om att smörjelsen skall förlösas på dessa områden. Skriv ner det han visar dig.

- Ta 20-30 minuter och be över Lukas 4 och Jesaja 61. Jesus vill att du ska ha dessa välsignelser i ditt liv, och han vill också att de ska förlösas genom dig till andra människor. Be Fadern förlösa dessa välsignelser i ditt personliga liv. Be honom om nåd till att tjäna i barnaskapets smörjelse, så att Faderns hjärta kan bli synligt genom dig.

KAPITEL 4: BARNASKAP OCH DEN NYA SKAPELSENS VERKLIGHETER

Vi är Guds söner och döttrar och vi har fått del av hela vårt arv i Kristus. Just denna fras – *i Kristus* – är mycket viktig att komma ihåg, när vi studerar vår identitet som Guds barn. Faktum är att varje gång Bibeln uppenbarar någon aspekt av vad vi är i Kristus, så beskriver det en del av vår identitet som Guds barn. När vi ser detta, inser vi också att ett av Bibelns huvudteman är barnaskap. Jesus kom både för att upprätta oss som Guds barn, och ge oss del av barnaskapets alla underbara välsignelser och förmåner. I detta kapitel ska vi studera vår identitet i Kristus. Vi kommer att upptäcka ett antal kraftfulla sanningar om vår nya identitet som Guds barn. Genom att vi nu är i Kristus är vi nya skapelser. Det är anledningen till att jag benämner de bibliska sanningarna som visar oss vilka vi är i Kristus, för den nya skapelsens verkligheter.

Den nya födelsen

När vi blev frälsta, blev vi födda på nytt och fyllda av Guds liv. Paulus talar om den nya födelsen med dessa välkända ord: *"Om någon är i Kristus är han alltså en ny skapelse. Det gamla är förbi, något nytt har kommit"* (2 Kor. 5:17). Att bli född på nytt, innebär att vi blir satta i Kristus och så blir en ny skapelse. Genom Kristus har vi blivit befriade från vår gamla, fallna identitet och vi har nu fått en helt ny identitet. Denna nya identitet får vi genom Kristi eget försoningsverk. När vi ser vilka vi är i honom kan vi, på ett mycket levande sätt, leva ut vår identitet som söner och döttrar. Vårt barnaskap hos Gud blir synligt i våra liv!

Det finns två olika rörelser i Kristi kropp, som har haft ett starkt inflytande på mig. Den ena rörelsen lägger ett starkt fokus på vår identitet i Kristus och på hur vi är kallade att leva av tro. Där fick jag tag på min identitet i Kristus. Den andra rörelsen fokuserar på Faderns hjärta och uppenbarelsen om hans kärlek. Där lärde jag känna Gud som min Fader. Dessa båda rörelser har utvecklat helt olika kulturer och präglas av väldigt olika uttryckssätt. Förut trodde jag därför att jag måste välja vilken av dessa båda rörelser jag ville vara med i. Men sedan upptäckte jag att inget sådant val var nödvändigt, eftersom deras olika betoningar är två sidor av samma mynt. Min identitet i Kristus definierar min ställning som son, och i den uppenbarelsen finns nyckeln för mig att leva i min fulla arvsrätt. Men nyckeln till att leva i min identitet i Kristus är alltid att förbli i Faderns kärlek, och lära känna hans hjärta. Det enda sättet för mig att växa i min identitet som son, är att känna min Fader. Att försöka leva från min identitet i Kristus utifrån en faderlös identitet, slutar oftast i lagiskhet och troskramp.

Jag insåg också att nyckeln till att bli trygg som Guds son och till att kunna leva i barnaskapets välsignelser, var att lära känna min identitet i Kristus. Min identitet i Kristus definierar ju både min identitet som son och mitt arv. Jag har observerat många troende som försöker leva som Guds barn, utan att känna till sin identitet i Kristus. Dessa troende fastnar ofta i frustration, eftersom deras känslor och upplevelser blir allt de har att hålla fast vid. De söker alltid efter en ny upplevelse av Faderns kärlek som ska leda till något slags slutligt genombrott, men också detta blir till en slags lagiskhet. De hamnar i ett mönster av att alltid söka upplevelser, men kommer aldrig in i Kristi vila. Jag är så tacksam att jag redan hade lärt känna min identitet i Kristus, när jag började få tag på mer uppenbarelse om Faderns hjärta. Detta skapade en plats för hans kärlek att landa i mitt hjärta. Jag fann vilan i att veta att jag är hans älskade, välsignade och fullkomliga son! Resten av detta kapitel ska vi lägga fokus på vår identitet som Guds barn, genom att upptäcka vilka vi är i Kristus.

Den nya skapelsens verkligheter

Vi har redan sett att den nya skapelsens verkligheter uppenbarar olika aspekter av vår identitet som Guds barn. Det är spännande att få leva i intimitet med Fadern, samtidigt som jag vet att jag är en del av hans kungliga och heliga familj. Vi är nu Guds barn och hela skapelsen längtar efter att fullheten i vårt barnaskap ska bli synligt. Den nya skapelsen har med sig så många välsignelser att det skulle kunna skrivas ett oändligt antal böcker om dessa, men ändå skulle då dessa bara beskriva en väldigt liten del, av alla de outtömliga rikedomar vi har i Kristus. Här vill jag dela några av den nya skapelsens verkligheter, sådana som hjälper oss att leva ut vår kallelse och bygga vidare på den vision Gud gett oss.

Du är ett rättfärdigt barn

Att vara rättfärdig innebär att betraktas som oskyldig inför Gud. Jesus gjorde oss till Guds rättfärdighet, genom sitt verk på korset: *"Han som inte visste av synd, honom gjorde Gud till synd i vårt ställe, för att vi i honom skulle bli rättfärdiga inför Gud"* (2 Kor. 5:21). Jesus blev till synd för oss för att vi skulle bli Guds rättfärdighet i Jesus Kristus. Genom Kristi fullbordade verk har all vår skuld nu tagits bort, och vi är fullkomligt rättfärdiga inför Gud. I Faderns ögon har vi aldrig begått några synder, och vår värdighet har nu blivit helt upprättad. På grund av detta är vi nu fullkomligt rättfärdiga söner och döttrar till Gud. Uppenbarelsen om att vi nu har blivit rättfärdiggjorda av oförtjänt nåd, gör oss trygga i livet med Jesus. Vi behöver aldrig fundera över om våra misstag skulle leda till att vi förlorar Guds välbehag. Det finns ingen fläck på oss längre. Jesus har tagit bort våra synder, vilket innebär att vi är vår Faders rättfärdiga söner och döttrar!

Du är ett heligt och fullkomligt barn

Genom Kristi försoning på korset, har vi nu blivit helt och hållet helgade och fullkomnade för evigt. *"Och i kraft av den viljan är vi helgade, genom att Jesu Kristi kropp har offrats en gång för alla… Med ett enda offer har han för all framtid fullkomnat dem som helgas"* (Hebr. 10:10, 14). På korset blev Jesus ett med vår ofullkomlighet och orenhet, för att vi skulle göras fullständigt rena och helgade i Kristus. Detta är enda anledningen till att vi nu är helgade och fullkomliga för evigt. Insikten om denna verklighet ger oss stor frimodighet i vår tjänst, för vi behöver aldrig mer fundera på hur vår Fader ser på oss. Detta frigör oss till att vandra tillsammans med honom i stor förvissning och frimodighet. När vår Fader ser på oss, ser han oss som heliga och fullkomliga!

Du har dött från synden

Vi har inte bara blivit lösta från den skuld och orenhet som våra tidigare synder innebar. Vi har även blivit frigjorda från syndens makt. *"Så ska också ni se på er själva: ni är döda från synden och lever för Gud i Kristus Jesus" (Rom. 6:11)*. Jesus dog inte bara i vårt ställe, men han dog vår död. När vi blev korsfästa och dog tillsammans med honom, så dog vi samtidigt bort från syndens makt. Synden har därför inte längre någon makt eller rättighet i vårt liv. Genom Jesu Kristi försoning på korset, har vi blivit fullständigt befriade från synden och den skada som orsakades av den. Det finns inte längre någon anledning för oss att frukta syndens makt. Jag har mött så många troende, som är rädda för att falla i synd. De kan ha hört eller läst om andliga ledare, som fallit i sin tjänst på grund av synd. Dessa misslyckanden har ofta sårat en massa människor och orsakat stor skada på Kristi kropp. Detta är så klart tragiskt, och vi behöver leva i ödmjukhet för att bära bestående frukt, men vi ska inte frukta syndens makt. Vi är helt döda från synden och kan därför leva genom Kristus, vår Herre (Rom. 6:1-11)!

Du lever ett överflödande liv!

Vi har inte enbart dött med Kristus, utan vi har även uppstått och gjorts levande med honom. Fadern har fyllt oss med ett överflöd av sitt liv. *"Tjuven kommer bara för att stjäla, slakta och döda. Jag har kommit för att de ska ha liv, och liv i överflöd"* (Joh. 10:10). All tjänst i Guds rike handlar ytterst sett om att förmedla liv i överflöd från Jesus. Våra drömmar och visioner från Gud kommer därför alltid förlösa Kristi liv så att hans kropp blir upplivad och förnyad. Vår uppgift är att förlösa både liv, förnyelse och väckelse. Detta har gjorts möjligt, eftersom Guds eget liv nu flödar över genom oss!

Du är helad och upprättad

Genom Jesu sår har vi nu blivit helade och han är vår själs herde, som leder oss in i en fullständig upprättelse. *"Han bar våra synder i sin kropp upp på korsets trä, för att vi skulle dö bort från synderna och leva för rättfärdigheten. Genom hans sår är ni helade. Ni var som vilsna får, men nu har ni vänt om till era själars herde och vårdare"* (1 Petr. 2:24-25). Jesus blev ett med all vår smärta, våra sår och trasighet för att vi skulle bli läkta. Eftersom det ibland kan vara smärtsamt att tjäna Gud och leva ut en himmelsk vision, så är detta väldigt goda nyheter. Brustna och trasiga människor har ofta en tendens att skapa mycket smärta för sin omgivning. Alla visioner som är från Gud attraherar alltid dessa brustna människor, vilket förstås innebär att den som bär visionen ibland kommer att bli sårad av trasiga människor. Andliga attacker och religiös förföljelse, kan också bli en källa till smärta, men i våra hjärtan flödar en helande ström från himlen som läker oss (Jes. 53:3-5).

Ni är ett heligt prästerskap

Vi är vår Faders barn som också har gjorts till kungar och präster. *"Han som älskar oss och har löst oss från våra synder med sitt blod och gjort oss till ett kungarike, till präster åt sin Gud och Far, hans är äran och makten i evigheters evighet. Amen"* (Upp. 1:5-6). Jesus har själv renat oss från all synd, och löst oss från vår fallna identitet. Han har gjort oss till ett kungligt prästerskap. Vi är hans kungar och ambassadörer här på jorden, och vi representerar Guds rike. Som hans präster utför vi vår tjänst i den andliga världen, genom att bära fram folk och nationer i bön inför Fadern. Att vara en del av en kunglig familj är att vara född till värdighet och höghet. Vi får nu bygga vår vision med höghet och värdighet, för att världen ska bli förvandlad genom Faderns kärlek!

Du är fri

På korset bröt Jesus religionens, syndens och Satans makt för att vi skulle bli fria. *"Till denna frihet har Kristus gjort oss fria. Stå därför fasta och låt er inte tvingas in under slavoket igen"* (Gal. 5:1). Vi har blivit fria att leva det liv som Jesus vill att vi ska leva. Han vill att vi ska leva fullt ut i den underbara glädje, frid och rättfärdighet som den helige Ande ger. Vi behöver därför bli djupt rotade och grundade i hans kärlek. Vi kan nu leva ut vår vision tillsammans med Jesus i fullständig frihet. Vi är aldrig bundna eller betryckta av lagiskhet, och kan inte längre förvaras i en religiös box. Vi har fått ett liv i full frihet med Kristus, som en gåva från vår Far. Våra drömmar och visioner skall uppenbara den underbara frihet som finns tillgänglig i Kristus, så att de människor vi har blivit kallade att betjäna kan bli lösta. Detta inkluderar också att lösa dem från syndens makt, demoniskt betryck och religiös bundenhet.

Du är fruktbärande

Jesus bröt all ofruktsamhet på korset, och välsignade oss med ett löfte att vi skulle bära bestående frukt. *"Ni har inte utvalt mig, utan jag har utvalt er och bestämt er till att gå ut och bära frukt, och er frukt ska bestå. Då ska Fadern ge er vad ni än ber honom om i mitt namn"* (Joh. 15:16). Många troende sitter fast i ett plågsamt mönster av brist. De har inte har sett de resultat av sin tjänst som de trodde att de skulle få se. De goda nyheterna är att Jesus bröt makten av brist och ofruktsamhet när han dog på korset. Därför har det nu blivit vår identitet, att bära sådan frukt som består. När vi bygger vår vision på de drömmar som vi har fått av Gud, kan vi förvänta oss en bestående frukt. Vi kommer då också få vara med om att hjälpa de människor som vi betjänar att bli fruktbärande genom vår tjänst för Gud. Detta är vår födslorätt som Guds barn!

Du är välsignad

Jesus blev en förbannelse för oss, så att vi skulle kunna ta emot fullheten av Faderns alla himmelska välsignelser. *"Välsignad är vår Herre Jesu Kristi Gud och Far, som i Kristus har välsignat oss med all andlig välsignelse i himlen!"* (Ef. 1:3). Vi har blivit givna alla de välsignelser som himlen har att erbjuda. När vi kliver in i ett rum, en gudstjänst eller på vår arbetsplats, så bär vi med oss Faderns fulla välsignelse. Vi är hans välsignade barn och kan förvänta oss att Guds favör skall vila över vår tjänst, så att nya dörrar ständigt kan öppnas för oss. Vår tjänst kommer att lösa många människor från lagens förbannelse, och ta dem in i Guds hela välsignelse. Vi är välsignade för att välsigna andra (1 Petr. 3:8-9).

Du är en som älskar

Jesus besegrade allt hat och bitterhet, genom sitt verk på korset. Därför finns nu Faderns kärlek i våra hjärtan. *"Och hoppet sviker oss inte, för Guds kärlek är utgjuten i våra hjärtan genom den helige Ande som han har gett oss"* (Rom. 5:5). Faderns kärlek har nu blivit utgjuten i våra hjärtan, och bitterhet och hat är inte förenligt med vår nya natur längre. Därför blir det plågsamt att bära på sådant i våra liv. Eftersom Faderns kärlek nu finns i våra hjärtan, finner vi styrka till att bygga vår vision i enlighet med hans vilja. Detta gör vi genom att ständigt växa i Guds kärlek. Vi älskar för att han först har älskat oss (1 Joh. 4:19).

Du är mer än en övervinnare

Jesus vann en fullständig seger över djävulen på korset, och där avväpnade han hela den onda andevärlden. På grund av att han gjorde detta, står vi som övervinnare i den andliga striden. *"Men i allt detta vinner vi en överväldigande seger genom honom som har älskat oss"* (Rom. 8:37). Vi har fötts på nytt till att övervinna och segra i det andliga kriget. Detta är inget som vi kan åstadkomma genom vår egen kraft eller överlåtelse. Att övervinna är en gåva av nåd. Om vi har blivit rotade i Kristus, vinner vi ständigt nya segrar. Vi intar nya områden för Guds rike, och reser upp Kristi kropp till att leva ett övervinnande liv. Det är faktiskt detta vi har blivit skapade till att vara och göra!

Styrkan i att leva i vår identitet i Kristus

Som troende är vi kallade till att leva vårt liv *utifrån* vår identitet i Kristus, men jag har lagt märke till att många troende lever *för* att hitta sin identitet i stället. De sanningar om vår identitet som Guds barn som vi nu har lyft fram, visar vilken oerhörd kraft det ligger i att veta vår identitet i Kristus när vi lever ut vår kallelse. I Kristus har vi tagit emot allt vi behöver för att göra allt som Gud kallar oss till. Allt vi företar oss i Guds rike, är menat att flöda ut från uppenbarelsen om vår identitet i Kristus och Faderns hjärta. Vi kommer att finna all frimodighet och vishet vi behöver för att leva vårt liv i Kristus, genom att förbli i Faderns kärlek!

Aktiveringsövningar

* Vi har sett hur vårt barnaskap och identiteten i Kristus är två sidor av samma mynt. Ta tid att reflektera och be över denna sanning. Hur kan vissheten om vem du är i Kristus, föra dig ännu djupare in i Faderns hjärta? Hur kan du genom att förbli i Faderns kärlek, få hjälp med att bejaka din nya identitet i Kristus? Bjud in den helige Ande att ge dig mer insikt i detta ämne. Skriv ner de uppenbarelser du får tag på.

* Läs igenom listan i detta kapitel med de verkligheter som finns i den nya skapelsen. Be den helige Ande om att han lyfter fram de sanningar gällande din identitet från den här listan, som du behöver bli mer rotad i. Ta tid i bön och be Jesus stärka din identitet och förmedla helande till dig inom de områden där det behövs.

* Ta 20-30 minuter i bön. Be att Jesus kompletterar listan över den nya skapelsens verkligheter som räknas upp i detta kapitel. Bjud in honom att uppenbara ännu fler sanningar om din identitet i Kristus. Skriv ned det han uppenbarar för dig, och be honom föra dig djupare in i den nya skapelsens verkligheter.

* Ta dig tid i förbön för Kristi kropp. Be att din Fader förmedlar en ännu djupare uppenbarelse om sin stora kärlek och vår identitet i Kristus. Be om att alla delar av Kristi kropp, kommer in i en djupare uppenbarelse av Faderns hjärta och vår nya identitet.

KAPITEL 5: JESUS UTTRYCKER SITT LIV GENOM OSS

Det är viktigt för oss att förstå att varje troende har blivit kallad och smord till att tjäna i det Nya Förbundet. Detta innebär att vi är kallade att utöva ett Kristuslikt inflytande på Kristi kropp och i världen i övrigt. För att detta ska ske måste vi formas, så att Jesu Kristi liv återspeglas genom oss. Faderns mål är att förvandla alla sina barn till att bli lika Jesus, men det är viktigt att vi förstår att det inte gör oss till namnlösa och ansiktslösa kloner: *"Men var och en av oss har fått nåden så som Kristus fördelade gåvan. Därför heter det: Han steg upp i höjden, han tog fångar och gav människorna gåvor"* (Ef. 4:7-8). Ju mer vi blir förvandlade till Guds Sons avbild, desto mer kommer vi att upprättas till att bli den person som Fadern har skapat oss till. Hela Kristi kropp måste vara i funktion, för att uppenbara Jesu fullhet i denna värld. Det kan bara ske genom att Jesus bor i oss, och uppenbarar sitt liv genom oss.

Jesu Kristi liv

All tjänst i det Nya Förbundet handlar om att Jesus uttrycker sitt liv genom oss. Den stora skillnaden mellan att tjäna under lagen, jämfört med att göra det i Guds nåd, är att religionen uppmanar oss att leva *för* Jesus. Evangeliet däremot visar oss att vi har blivit korsfästa med Kristus, och att han nu lever sitt liv *genom* oss:

"Jag är korsfäst med Kristus, och nu lever inte längre jag, utan Kristus lever i mig. Och det liv jag nu lever i min kropp, det lever jag i tron på Guds Son som har älskat mig och utgett sig för mig" (Gal. 2:19-20).

Vi har redan blivit korsfästa med Kristus och han är nu vår källa till liv. Vi har dött, så att Jesus kan leva igenom oss. Våra gåvor och den helige Andes smörjelse är båda uttryck för Kristi liv som flödar genom oss. Alla tjänster och gåvor i Kristi kropp är ytterst sett olika aspekter av Kristus själv.

Jesus kan uttrycka sig hur han vill vara genom oss

Den uppenbarelse som banar vägen för en Kristuslik livsstil i det Nya Förbundet är att Jesus nu bor i oss, och vill uttrycka sitt liv genom oss. *"Gud ville visa dem vilken rik härlighet denna hemlighet är bland hedningarna: Kristus i er, härlighetens hopp"* (Kol. 1:27). Att leva i uppenbarelsen om att vi har dött så att Jesus kan leva sitt liv genom oss, är grundläggande för vårt tjänande. Denna insikt kommer att påverka varje område av vårt liv med vår Fader. Den förändrar på ett mäktigt sätt vår förståelse av andlig tjänst. En av de frågor jag oftast får är hur jag kom in i min kallelse, och Guds plan för mitt liv. Jag brukar alltid svara att det viktigaste för mig är att ge utrymme åt Jesus att uttrycka sig hur han än vill, både i och genom mig. Varje kallelse i Guds rike bygger på att vi låter Jesus uttrycka sig själv genom oss. Han fyller våra gåvor med sitt eget liv och utrustar oss med sin nåd så att vi kan leva ut vår fulla kallelse. De olika tjänstegåvorna är perfekta exempel på denna verklighet. Dessa gåvor är alla uttryck för vem Jesus är. Vår tjänst i det Nya Förbundet, innebär alltid att vi ger Jesus fritt utrymme att leva sitt eget liv genom oss. Vårt jobb är att överlåta oss och ge honom utrymme att verka i oss. Det är nåden i aktion!

Jesus är de fem tjänstegåvorna

Eftersom de fem tjänstegåvorna representerar olika aspekter av Jesu egen tjänst, så finns dessa tjänsters DNA nedlagt i alla Guds barn. Alla troende kommer inte bli en apostel, men varje troende bär ett apostoliskt DNA och kan därför fungera i den apostoliska smörjelsen. Låt oss nu stanna upp vid hur de fem tjänstegåvorna uttrycktes genom Jesu liv:

1. Jesus är vår apostel

Jesus var den förste aposteln. *"Därför, ni heliga bröder som har fått del av en himmelsk kallelse, se på Jesus, den apostel och överstepräst som vi bekänner oss till"* (Hebr. 3:1). Ordet apostel betyder "en utsänd". Jesus sändes av Fadern, för att uppenbara hans hjärta och försona oss med Gud (Joh. 3:16). Han sändes för att förlösa Guds rike här på jorden, och plantera en rörelse av Faderns kärlek som förändrar världen. Jesus är vår apostel.

2. Jesus är vår profet

"Och de tog anstöt av honom. Men Jesus sade till dem: 'En profet föraktas inte utom i sin hemstad och i sin egen familj'" (Matt. 13:57). Jesus förklarar hur han verkade i profetisk tjänst. Profeten uppenbarar Guds hjärta genom Andens tilltal. Jesus kom till världen för att uppenbara Faderns hjärta, och hans plan att frälsa världen genom Jesus. Han kom för att förklara att det Gamla förbundets tid var slut, och föra oss in i det Nya Förbundet. Jesus är vår profet.

3. Jesus är vår evangelist

"Människosonen har kommit för att söka upp och frälsa det som var förlorat" (Luk. 19:10). Jesus kom till denna värld för att frälsa syndare och föra dem tillbaka hem till Far. Jesu tjänst var till stor del fokuserad på att predika goda nyheter. Jesus predikade evangelium om Guds rike med åtföljande tecken och under. Jesus är vår evangelist.

4. Jesus är vår gode herde

"Jag är den gode herden. Den gode herden ger sitt liv för fåren" (Joh. 10:11). Jesus lade ner sitt liv för oss, och hans hjärta klappade alltid för de som var mest vilsna och brustna.

Den vanligaste bilden av ledarskap i Bibeln är herden. Jesus tjänade till fullo i den uppgiften. Jesus är vår gode och självutgivande herde.

5. Jesus är vår lärare

Jesus är Guds Ord och hans passion är att undervisa oss så att vi lär känna Faderns hjärta. *"Jesus gick omkring i alla städerna och byarna, och han undervisade i deras synagogor och förkunnade evangeliet om riket och botade alla slags sjukdomar och krämpor"* (Matt. 9:35). Jesus är en suverän lärare. Evangelierna är fyllda med exempel på hur Jesus verkade i denna tjänst. Han visade på Faderns hjärta och undervisade om Guds rike på ett enkelt sätt, som ledde hans åhörare in i ett möte med Gud. Hans tjänst visar oss hur biblisk undervisning skall se ut. Jesus är vår lärare.

Som vi har sett är de fem tjänstegåvorna uttryck för vem Jesus är och eftersom Kristus nu bor i dig och mig, så blir följden att:

- **Aposteln bor i oss.**
- **Profeten bor i oss.**
- **Evangelisten bor i oss.**
- **Herden bor i oss.**
- **Läraren bor i oss.**

Jesus kan verka i alla dessa tjänster genom oss, vilket innebär att alla Guds barn kan vara profetiska och apostoliska. Eftersom all välsignelse tillhör oss i Kristus, så har vi nu tillgång till den fulla smörjelsen som finns hos Jesus.

Varje troende är en potentiell tjänstegåva

Vi har redan sett att tjänstegåvorna uppenbarar olika aspekter av Jesu eget liv. Eftersom han vill leva sitt liv genom oss så att hans eget hjärta blir synligt i våra liv, så har alla troende potentialen att operera i någon eller flera av dessa tjänster. Det sammanhang där Paulus undervisar om dessa tjänster, antyder att alla troende har fått nåden att fungera i dessa gåvor. *"Men var och en av oss har fått nåden så som Kristus fördelade gåvan. Därför heter det: Han steg upp i höjden, han tog fångar och gav människorna gåvor"* (Ef. 4:7-8). Eftersom vi har blivit delaktiga av gudomlig natur, så har vi nu som nya skapelser blivit bärare av alla tjänstegåvornas DNA. Det innebär att varje troende har potential att växa i dessa gåvor. Vår erfarenhet visar kanske att inte alla troende kommer att fungera i dessa gåvor, men potentialen finns ändå där. Varje troende kan verka i den nåd som finns i tjänstegåvorna.

Att känna till att vi alla bär på tjänstegåvornas DNA, hjälper oss att förstå att det faktiskt inte är något exklusivt eller spektakulärt med dessa tjänster. De är helt enkelt ett uttryck för hur Jesus själv verkar genom sin kropp. Dessa tjänster handlar inte om fina titlar eller ledarpositioner och andliga ämbeten. De kan i stället liknas vid arbetsbeskrivningar, som ges till den som har fått en kallelse till att utrusta Kristi kropp. Anledningen till att tjänstegåvornas DNA finns inom var och en av oss, är att Jesus själv verkade i alla dessa funktioner i sin tjänst. Med detta sagt, så finns det ändå en skillnad mellan en troende som flödar i smörjelsen från någon av dessa tjänster, jämfört med den person som har vuxit in i en tjänst och blivit en mogen tjänstegåva.

Profeten och profetiska troende

Vi behöver som sagt förstå skillnaden mellan ett Guds barn som flödar i en smörjelse, jämfört med den som har utvecklats till en mogen tjänstegåva. Jag har märkt att troende ganska ofta blandar samman dessa två, men det finns en väsentlig skillnad. Vi skulle kunna använda vilken som helst av de fem tjänstegåvorna för att illustrera denna skillnad. Men eftersom både profetisk betjäning och profetians gåva fungerar regelbundet, både i min församling och i de nätverk jag tillhör, så tar jag den gåvan som exempel här.

Vi kan definiera skillnaden mellan profeten och den troende som fungera i profetisk smörjelse, på följande sätt:

- *Profeten* fungerar i profetisk tjänst för att utrusta Kristi kropp till att bli ett profetiskt folk, som flödar i profetisk smörjelse. Syftet med tjänstegåvorna är att de ska utrusta Kristi kropp till tjänst för Gud. *En del* troende utvecklas till en tjänstegåva.

- *Troende med profetisk smörjelse* flödar i den profetiska smörjelsen och gåvan regelbundet. De verkar i profetisk smörjelse för att uppmuntra, trösta och bygga upp Kristi kropp. De kan betecknas som profetiska troende, och *alla* troende är kallade till att vara profetiska troende.

Vi har här använt den profetiska tjänsten som vårt exempel, men samma princip gäller för alla tjänstegåvorna. De är ett redskap i Kristi hand som han använder för att utrusta Guds folk. Målet är egentligen inte att resa upp fler tjänstegåvor, utan att hela Kristi kropp ska komma ut i tjänst så att Guds rike bryter igenom.

Den troende och tjänstegåvornas smörjelse

Eftersom smörjelsen och det DNA som finns i tjänstegåvorna är vårt arv och vår födslorätt, så kan vi nu ta del av smörjelsen och nåden i alla dessa tjänster. Dessa är alla en del av vår nya natur i Kristus. För att vi skall förstå hur detta kan ta sig uttryck kommer här en enkel beskrivning av den troende som flödar i var och en av dessa gåvor:

En apostolisk troende

Ordet apostel kommer från det grekiska ordet *apostolos*, vilket betyder *"en utsänd"*. En troende som har en apostolisk smörjelse är en pionjär som bryter ny mark och territorium för Guds rike. En sådan person är också en vis byggmästare, som förlöser nya tjänster och församlingar som tydligt uppenbarar Jesus. De som fungerar i apostolisk smörjelse, flödar även till viss del i de andra gåvorna. När ett nytt område intas för Gud, finns vanligtvis inte någon av de andra tjänsterna tillgängliga. En apostolisk arbetare måste vara utrustad att göra allt som måste göras, tills de andra gåvorna har rests upp. En apostolisk troende har fått ett mandat att hjälpa andra till att bli pionjärer och föda fram nya visioner. Aposteln har fått nåd att träna, utrusta och sända i väg pionjärer i Guds rike. När vi tar emot vårt apostoliska DNA kommer vi att få nåd till att inta nya områden, och bryta ny mark för Guds rike. Vi är apostoliska troende!

En profetisk troende

Den troende som fungerar profetiskt, uppenbarar Guds vilja och har en brinnande passion att leda andra in i en djupare närhet till Jesus. En sådan person förmedlar uppenbarelse och inspiration från himlen, på ett sätt som hjälper Kristi kropp att urskilja Guds vilja. De visar på Faderns hjärta och uppenbarar hans planer och syften för Kristi kropp. Dessa brinnande människor för oss in i den himmelska vision som Jesus har för oss. Detta gör de genom profetisk predikan och undervisning, eller genom att profetera ut den. De kan även förmedla ord från himmelen genom kreativa uttryck, som profetiska handlingar, konst och dans. En profetisk troende har fått nåd att föra Kristi kropp in i en djupare intimitet med Fadern, och de har en stark passion för att Kristi kropp ska bli renhjärtad. När vi bejakar vårt profetiska DNA, får vi nåd till att bli ett profetiskt folk som uppenbarar Guds vilja. Vi är bärare av profetisk smörjelse!

En evangelistisk troende

En evangelistisk troende har blivit utrustad till att predika Kristi evangelium på ett enkelt, men ändå fängslande sätt. De älskar att predika de goda nyheterna om Jesus, med syftet att uppmuntra och ge hopp till Kristi kropp. Evangelistiska troende drivs av en passion att vinna människor, och deras tjänst åtföljs vanligtvis av kraftfulla helanden och mirakler. De inspirerar Guds folk till att sprida Faderns kärlek och de har en börda för att vi ska bli bättre på att nå de förlorade med evangeliet. I Apostlagärningarna läser vi om Filippus som är den ende i denna bok som omnämns som evangelist (Apg. 21:8). Hans exempel ger oss en mycket bra bild av hur Kristi evangelistiska DNA ser ut och fungerar.

"De lyssnade alla noga till det som Filippus förkunnade när de hörde och såg de tecken han gjorde: från många som hade orena andar for dessa ut med höga rop, och många lama och halta blev botade. Och det blev stor glädje i den staden" (Apg. 8:6-8).

När vi bejakar vårt evangelistiska DNA, kommer vi att sprida de goda nyheterna om Jesus med åtföljande tecken och under över hela världen. Vi kommer också att sprida Faderns kärlek till alla människor, genom att predika evangeliet. Vi är ett evangelistiskt och missionerande folk!

En troende som bär en herdes hjärta

Troende som bär på ett herdehjärta älskar Kristi kropp. De har en stark passion för att de människor de är kallade att betjäna ska må bra. Den som har ett herdehjärta kommer att ge andlig näring till fåren, men de kommer också att instruera och vägleda dem. Herden är vanligtvis verksam på ett ställe, där han tjänar och tar hand om den lokala gemenskapen av troende. Dessa underbara troende är uppfyllda av Faderns eget övernaturliga tålamod och trofasthet. Detta gör det möjligt för herden att hantera de många utmaningar som det innebär att betjäna Kristi kropp. En troende som har ett herdehjärta, bär på en längtan att få lära Kristi kropp att älska och ta hand om varandra. Målet för herdetjänsten är att Kristi kropp ska fungera i fullständig enhet. Det bästa exemplet på den gode herden är ju Kristus själv (Joh. 10:11; 1 Petr. 2:25; 5:4; Ps. 23). Jesus är den gode herden och genom att se på honom, så finner vi det perfekta exemplet på en människa som bär ett stort herdehjärta. När vi bejakar vårt DNA som herdar, så kommer vi att leva i enhet med Kristi kropp och Faderns familj. Vi har den gode herdens hjärta!

Troende som bär en lärares hjärta

Troende som bär en lärares hjärta, har blivit smord att uppenbara Guds Ord så att Kristi kropp ser Guds hjärta och blir förankrade i Kristus. De som har fått gåvan att undervisa, har en brinnande längtan att studera Bibeln. De är smorda att undervisa på ett sätt som ger insikt och klarhet i Guds Ord. En troende med en lärares hjärta utrustar andra till att läsa, förstå och undervisa från Bibeln. Den bibliska läraren är inte i första hand teolog, även om många smorda lärare också har en teologisk utbildning. En biblisk lärare är utrustad att undervisa Ordet för församlingen på ett sätt så att det skänker liv från Jesus och uppenbarar Faderns hjärta. När vi bejakar vårt DNA som lärare, så blir vi ett folk som är rotade och grundade i Guds Ord. Vi bär på lärarens hjärta och DNA.

Du bär tjänstegåvornas DNA och smörjelse inom dig

Vi har sett att det DNA och den smörjelse som följer med de fem tjänstegåvorna, nu är en del av vår identitet i Kristus. Slutsatsen av detta blir att eftersom Kristus bor i dig, så är dessa påståenden sanna om dig:

- *Du är apostolisk.*
- *Du är profetisk.*
- *Du är evangelistisk.*
- *Du bär en herdes hjärta.*
- *Du bär en lärares hjärta.*

Detta är vår ställning som Guds barn. Det är vårt arv och DNA. När vi förblir i Kristi kärlek kommer smörjelsen av dessa tjänster uppenbaras på ett enkelt och organiskt sätt. Fadern vill att vi ska

välkomna dessa gåvor som vår identitet, så att vi kan uppenbara
Kristi fullhet i världen.

Allt tillhör oss!

Det är underbart att veta att vi har full tillgång till tjänstegåvorna
genom Jesus Kristus. De är vår födslorätt som Faderns barn. När
vi förstår att allt tillhör oss i Kristus, hittar vi en större frihet i vår
tjänst. Vi kommer då inte att se på tjänstegåvorna som antingen
närvarande eller frånvarande, i våra församlingar. De finns alltid
där genom Kristus, även om de kanske inte framträtt än. *"Därför
ska ingen skryta över människor, för allt är ert: Paulus, Apollos och
Kefas, världen, liv och död, nutid och framtid, allt är ert. Men ni tillhör
Kristus, och Kristus tillhör Gud"* (1 Kor. 3:21-23). När vi ser dessa
tjänster på detta sätt, så gör det att vår tjänst blir mycket enklare.
Vi behöver nu inte längre fundera över vilka gåvor vi äger eller
saknar. Det ger oss frihet att ge utrymme åt Jesus, så att han kan
uttrycka sig som han helst vill genom våra liv. Kärnan i vår tjänst
är att tillåta Jesus leva ut sitt eget liv genom oss!

Ett Jesus centrerat sätt att förhålla sig till tjänstegåvorna

Att upptäcka de sanningar som jag har delat i detta kapitel, har
varit väldigt befriande för mig. De senaste åren har jag varit en
del av en karismatisk rörelse, i vilken många församlingar har en
ledarskapsstruktur som bygger på de fem tjänstegåvorna. Jag är
både glad och tacksam för de insikter som jag har fått tag på i de
sammanhangen. Undervisningen om tjänstegåvorna har hjälpt
mig att bejaka den mångfald som finns i Kristus. Detta har varit
en nyckel för mig till att utvecklas i min tjänst

Jag har även sett hur ett antal religiösa traditioner har vuxit fram
gällande dessa tjänster. Ett exempel på detta är hur man likställer
tjänstegåvorna med titlar och ledarpositioner. Det är givetvis så
att en person som verkar i någon av dessa tjänster, också kan ha
en ledarfunktion i församlingen. Däremot talar Bibeln aldrig om

att en församling måste ledas av ett team, där alla tjänstegåvorna finns representerade. Tjänstegåvornas uppgift är helt enkelt att utrusta de troende. Detta gör de genom att förmedla Jesu Kristi eget DNA och livet som kommer från Jesus själv. Med andra ord är dessa tjänster givna för att utrusta Kristi kropp till tjänst, vilket inte nödvändigtvis innebär att de skall vara ledare eller äldste i församlingen. Den auktoritet och det inflytande som följer med all tjänst i Guds rike, kommer alltid av att vi betjänar de troende i kärlek.

En annan tradition som är vanlig där det finns ett stort fokus på att tjänstegåvorna skall leda, är att det blir ett stort fokus på den ledare som fungerar i någon av dessa gåvor. Detta är ett väldigt mänskocentrerat sätt att bygga tjänsten på, vilket ofta har skapat personkulter. Det är viktigt att vi inser att dessa tjänstegåvor är ett uttryck för Kristi liv genom oss. Dessa gåvor handlar inte så mycket om vilken person som fungerar i dem. Det är Jesus som är huvudpersonen i all tjänst. När vi överlåter oss åt Kristus som bor i oss så kommer hans eget liv uttryckas genom oss, och dessa gåvor kommer att fungera på ett naturligt och organiskt sätt mitt ibland oss. Allt handlar om att Kristi liv får flöda genom oss, så att Jesus blir synlig genom sin kropp!

Aktiveringsövningar

- Vi har sett hur all tjänst i det Nya Förbundet innebär att Kristus uttrycker sitt liv genom oss. Hur förändrar detta ditt perspektiv på din egen tjänst? Avsätt tid till att reflektera och be över detta, tillsammans med den helige Ande. Skriv ner det han uppenbarar för dig.

- Läs Kol. 1:27 och Gal. 2:19-21 tillsammans med Jesus. Dessa två bibelställen är nyckeltexter till att förstå vad det innebär att Kristus bor i oss. Be Honom om ännu mer ljus och insikt i denna sanning. Skriv ner det Jesus visar dig om detta.

- Vi såg i detta kapitel hur det faktum att Kristus nu bor i dig, innebär att följande påståenden är sanna om dig:

  o *Du är apostolisk.*
  o *Du är profetisk.*
  o *Du är evangelistisk.*
  o *Du bär en herdes hjärta.*
  o *Du bär en lärares hjärta.*

  Avsätt 20-30 minuter till bön och förbön. Proklamera ut dessa sanningar över ditt liv. Be Gud förlösa dessa olika smörjelser i dig. Be Gud om nåden att få växa in i det DNA och den smörjelse du längtar mest efter.

- Vilken av dessa gåvor vill du växa in i mest? I vilken av dessa tjänster behöver du bli starkare? Fråga den helige Ande om hur du kan ge Jesus mer utrymme att verka inom. Be honom utrusta och stärka dig inom det område du behöver växa!

- Ta tid till förbön för Kristi kropp. Be att Gud reser upp ännu fler personer i tjänstegåvor och att det DNA som finns i dessa gåvor ska uttryckas genom hans kropp.

KAPITEL 6: VI HAR ORDINERATS AV FADERN

Vi är kallade till att bejaka vår identitet som Guds barn. När vi gör det så får vi del av himmelsk kreativitet och gudomliga idéer. Det ger oss inspiration till att sprida Faderns kärlek och Kristi liv. Då kommer många av de traditioner som vi har fått med oss, att bli både utmanade och avslöjade. En av dessa handlar om hur vi ser på ledarskap och auktoritet i Guds rike. Jesus gjorde ett antal intressanta och utmanande inlägg i detta ämne. De är så radikala att de antingen har glömts bort, eller medvetet ignorerats. Detta har faktiskt varit vanligt genom hela kyrkohistorien.

"Ni vet att folkens ledare beter sig som herrar över dem och att stormännen härskar över dem. Men så ska det inte vara bland er. Nej, den som vill vara störst bland er ska vara de andras tjänare, och den som vill vara främst bland er ska vara de andras slav. Så har inte heller Människosonen kommit för att bli betjänad, utan för att tjäna och ge sitt liv till lösen för många" (Matt. 20:25-28).

Jesus återkommer vid flera tillfällen i evangelierna till hur andlig auktoritet fungerar i Guds rike, och hur den är väsensskild från den världsliga makten (Matt. 23:1-11, Mark. 10:42-45, Luk. 22:24-27). Det var en central fråga för Jesus, att hans lärjungar skulle få en uppenbarelse angående ledarskap i Guds rike. Det var viktigt eftersom Kristi natur är så radikalt annorlunda, i jämförelse med den här världens tänkande. Jesus regerar alltid i ödmjukhet och nåd. Genom sitt liv omdefinierar han radikalt vad begrepp som storhet och auktoritet innebär. Jesus visar med sitt eget liv att den sanna auktoriteten kommer från Fadern själv. Han gjorde ju bara det han såg Fadern göra, och hämtade sin styrka utifrån sin nära gemenskap med sin Fader.

Att tjäna handlar om att göra det vi ser Fadern göra

Jesus demonstrerade med sitt eget liv och exempel hur den sanna auktoriteten och tjänsten ser ut i Guds rike. Jesus visade att hans mandat att betjäna, kom direkt från hans relation med sin Fader. *"Jag säger er sanningen: Sonen kan inte göra något av sig själv, utan bara det han ser Fadern göra. Vad Fadern gör, det gör också Sonen"* (Joh. 5:19). Jesus hade ingen formell teologisk utbildning och han var inte heller ordinerad till tjänst av den tidens religiösa ledare. Hans enda referens var att han blivit sänd av sin Far. Jesus gjorde bara vad han såg Fadern göra och uppenbarade därigenom Guds hjärta för världen (Joh. 1:18). När Jesus befallde oss att gå ut i hela världen med evangeliet, så sände han ut oss på samma sätt som han själv hade blivit utsänd. *"Frid vare med er! Som Fadern har sänt mig sänder jag er"* (Joh. 20:21). Detta är grundläggande för all typ av tjänst i Guds rike. Vår tjänst måste alltid ha sitt ursprung i vårt förblivande i Faderns kärlek, och i att vi tillåter Jesus uttrycka sitt liv genom oss. I det Nya Förbundet bygger all auktoritet på vår ställning som Guds barn. Detta ger oss visshet om att vi har blivit ordinerade och kvalificerade av Jesus själv.

Hierarkisk och prästerlig auktoritet

Jesus hade ständigt konfrontationer med de religiösa ledarna i Israel när det gällde andliga auktoritet och hans mandat att tjäna (Matt. 23:1-36). Dessa religiösa ledare saknade uppenbarelse om Faderns hjärta, och deras syn på vilka som skulle tillåtas att tjäna som ledare baserades på en religiös hierarki, där de själva befann sig på toppen. De höll hårt fast vid en mänsklig typ av auktoritet, som i grunden bara byggde på formell utbildning och mänskliga kvalifikationer. Eftersom Jesus inte hade någon formell teologisk utbildning, betraktade de hans tjänst som både ogiltig och farlig. Deras misstag var att de trodde att sann andlig auktoritet kunde baseras på så ytliga ting som titlar, kvalifikationer eller teologisk utbildning. Detta synsätt skapar en hierarkisk auktoritet, vilket vanligtvis speglar hur den sekulära och religiösa världen ser på ledarskap. Men vi måste komma ihåg att Jesus sade att auktoritet fungerar på ett annat sätt bland Guds barn.

Vi har ordinerats av Fadern, och är sända av Jesus till att predika evangelium och utbreda Guds rike. Vi har tillstånd från himlen att göra allt vad Jesus har kallat oss att göra. Det är så Guds rike fungerar, men detta kommer samtidigt alltid att konfrontera det religiösa tänkandet. Den religiösa sfären och Guds rike är två helt motsatta världar som aldrig kan samexistera. Dessa världar styrs av olika andar, och bygger på väsensskilda principer. All religiös auktoritet bygger alltid på köttslig kontroll och mänsklig styrka, medan auktoritet i Guds rike bygger på Guds nåd, Kristuslikhet och ödmjukhet. De religiösa andemakterna kommer därför alltid att förfölja den som har blivit kallad och smord av Fadern. Jesus mötte denna typ av religiös förföljelse under hela sin aktiva tid i tjänsten. De religiösa ledarna utmanade honom ständigt, och de gjorde allt som stod i deras makt för att diskreditera och förstöra hans tjänst. Det finns ett flertal exempel på detta i evangelierna.

En demonisk fråga

Vid ett sådant tillfälle kom några religiösa ledare fram till Jesus med en demoniskt inspirerad utmaning. De konfronterade Jesus med en fråga som ofta ställs av religiösa ledare när de känner sig hotade av en person som bär på en sann smörjelse från Gud. Den fråga de ställde är till sin natur och ursprung demonisk, eftersom den är baserad på fruktan. Den används ofta av ledare som finns i hierarkiska och religiösa ledarstrukturer för att de vill stadfästa sitt inflytande, och bevara kontrollen över Guds barn. *"Jesus gick upp till templet och undervisade. Då kom översteprästerna och folkets äldste fram till honom och frågade: "Vad har du för fullmakt att göra detta? Och vem har gett dig den fullmakten?"* (Matt. 21:23). Dessa ledare ställde denna fråga till Jesus för att de ville underminera hans auktoritet. De framhöll att Jesus inte hade någon teologisk utbildning, och inte heller hade han blivit utsänd av det religiösa etablissemanget i Jerusalem. Sorgligt nog ansåg de att det var det viktigare att den som tjänade och undervisade hade blivit utsänd av den religiösa eliten, än att han förmedlade uppenbarelse från Herren. För dessa ledare var det mer angeläget att hålla fast vid sin religiösa kontroll över folket, än att ta emot uppenbarelse från Gud. Detta är fortfarande en av de främsta orsakerna till att det är en sådan brist på uppenbarelse i Kristi kropp idag. Jesus talade om detta, när han konfronterade det religiösa ledarskapet i Israel med dessa ord:

"Jag har kommit i min Fars namn, och ni tar inte emot mig. Men kommer det någon annan i sitt eget namn tar ni emot honom. Hur ska ni kunna tro, när ni tar emot ära av varandra och inte söker den ära som kommer från den ende Guden?" (Joh. 5:43-44).

Om vi är fokuserade på titlar och teologisk utbildning som grund för sann kallelse eller tjänst, kommer vi att gå miste om mycket uppenbarelse och vishet. Uppenbarelse i Guds Ord kommer till den som har blivit kallad av Gud. Därför är det viktigare att ha blivit utsänd av Fadern, än att ha blivit ordinerad av människor.

Samma fråga ställs än idag

Denna demoniska fråga ställs fortfarande av de andemakter som står bakom den religiösa hierarkin, eftersom de alltid vill binda och kontrollera Kristi kropp. Man kanske inte alltid ställer denna fråga med samma ord när man formulerar den, men avsikten och anden bakom frågan förblir densamma. Varje visionär och ledare måste förr eller senare hantera denna fråga. Källan bakom denna fråga är alltid fruktan, och målet är att bevara kontroll över Kristi kropp. Om vi bygger upp ett religiöst, hierarkiskt system där rätt kvalifikationer eller teologisk utbildning krävs för att man ska få göra Guds vilja, så har Kristi herravälde i praktiken nonchalerats. Jesus är huvudet för Kristi kropp, och endast han kan bestämma vad hans lemmar får göra. Jesus är Herre över sin kropp och att ha fått en personlig kallelse från honom, är egentligen den enda kvalifikationen som vi behöver. Sann andlig auktoritet bygger på Faderns bekräftelse och kallelse. Vårt mandat ligger i att göra det vi ser vår Fader göra.

När det enda rätta svaret är att ignorera frågan

Jesus visste att de religiösa ledarna inte ställde sin fråga med rena motiv. Därför svarade Jesus inte heller direkt på deras fråga, utan gav dem i stället en motfråga att fundera över. *"Jesus svarade dem: "Jag vill också fråga er en sak. Svarar ni mig på den, så ska jag säga er vad jag har för fullmakt att göra det här. Johannes dop, varifrån kom det? Från himlen eller från människor?"* (Matt. 21:24-25). Genom att svara med denna fyndiga motfråga, så avslöjade Jesus det sanna motivet bakom dessa ledares fråga. De ville till varje pris bevara den religiösa kontrollen och förbli respekterade av folket. Därför vågade de inte ge ett ärligt svar på Jesu enkla fråga (Matt. 21:26). Jesus var aldrig intresserad av att spela med i deras religiösa spel. Han gav därför inget rakt svar på deras fråga, även om det svaret var tydligt för alla som ärligt sökte efter det, men det gjorde inte dessa religiösa ledare. *"Därför svarade de: "Vi vet inte." Jesus sade till dem: "Då säger inte heller jag till er vad jag har för fullmakt att göra det här"* (Matt. 21:27). Vi kan lära oss en hel del, genom att studera hur Jesus gensvarade till deras fråga. Oftast är det enda rätta när denna fråga ställs att ignorera den, och i stället ge Jesus utrymme att verka genom oss.

Frukten talar för sig själv

När auktoriteten och mandatet i vår tjänst blir ifrågasatt, så sker det nästan aldrig med ett rent hjärta. Oftast ställs denna fråga, på grund av att människorna redan har sin uppfattning klar om oss. Det allra bästa sättet att gensvara till en sådan fråga, brukar vara att helt ignorera den och låta frukten tala för sig själv. Jag har lärt mig att det är helt omöjligt att vinna religiösa diskussioner utan att komma i köttet. Det finns såklart frihet för alla att ha sina egen åsikt, men vår kallelse är att göra det vi ser Fadern göra. När vi fokuserar på det, så kommer frukten från våra liv att tala för sig själv. De människor vi har blivit kallade att betjäna, kommer då att se vad Jesus gör genom våra liv. Dessa människor är de enda vi behöver bry oss om.

Ordinerad till tjänst i det Nya Förbundet

All bekräftelse vi behöver gällande vår kallelse och tjänst, hittar vi i att vi har blivit ordinerade och utsända av Fadern. I det Nya Förbundet är vi både kvalificerade och skickliggjorda till att tjäna i den helige Andes kraft.

"Inte så att vi av oss själva kan tänka ut saker på egen hand, utan vår förmåga kommer från Gud. Han har gett oss förmåga att vara tjänare åt ett nytt förbund, som inte är bokstavens utan Andens. Bokstaven dödar, men Anden ger liv" (2 Kor. 3:5-6).

Vi är fria att med stor frimodighet leva ut den kallelse eller tjänst som vi har tagit emot från Herren. Detta är den fasta grunden för vår tjänst i det Nya Förbundet. Eftersom vi är i Kristus så har vi mandat både att predika evangeliet, och utbreda Guds rike över hela världen.

Vi är hans kungar och präster

I de kristna sammanhang där man jobbar utifrån hierarkiska och religiösa ledarskapsstrukturer, finns det en positionsbaserad syn på andlig auktoritet. Det blir så, eftersom religionen alltid bygger på fruktan. Fruktan skapar alltid en religiös kontroll som bevaras och stadfästs på detta sätt. Dessa ledarskapsstrukturer bygger på dessa fyra komponenter:

* Religiösa titlar
* Ämbeten
* Samfundstänkande
* En uppdelning mellan prästerskap och lekmän

Ingen av dessa fyra komponenter finns beskriven i Bibeln, utom som varnande exempel. Eftersom vi är Kristi kungar och präster, har vi nu blivit kvalificerade, ordinerade och utsända av Gud. Vi behöver därför inga imponerande titlar eller ämbeten.

"Men ni är ett utvalt släkte, ett kungligt prästerskap, ett heligt folk, ett Guds eget folk för att förkunna hans härliga gärningar, han som har kallat er från mörkret till sitt underbara ljus" (1 Petr. 2:9).

Vi är Kristi kungar och präster, och hans plan för oss är att vi ska sprida Faderns kärlek över hela världen. Jesus har därför sänt ut oss till att göra detta, vilket innebär att vi har fått ett mandat från himmelen. Ibland kan kristna ledare frestas till att söka identitet och erkännande genom andliga ämbeten och religiösa titlar. Men Jesus var väldigt tydlig med att det aldrig bör vara så hos oss. Jag menar inte att titlarna i sig själva skulle vara problemet. Att kalla någon för pastor eller evangelist, beskriver ju bara deras funktion eller tjänst i församlingen. Det jag här vill framhålla, är att ingen av dessa titlar kan vara grunden för vår identitet eller tjänst. Vår trygghet, identitet och godkännande finner vi bara i Kristus och Faderns kärlek!

Auktoritet till att betjäna människor

Jesus är mycket tydlig med att i Guds rike har ingen ledare rätten att utöva hierarkisk auktoritet, över sina bröder och systrar. Den enda sanna auktoritet vi har fått, är rätten att lägga ned våra liv för att betjäna varandra i kärlek. Människor kan självklart ge oss förtroende att tala in i deras liv, men denna auktoritet bygger inte på religiös hierarki, utan enbart på deras förtroende och tillit. Vi har fått delegerad auktoritet från Jesus över mörkrets makter och till att bota de sjuka (Mark. 16:15-20). Men i vår gemenskap med våra syskon i Herren, är vårt mandat att tjäna dem i kärlek.

Nu och då höjs röster i Kristi kropp som lägger tonvikten vid ett starkt ledarskap och upprättelsen av de fem tjänstegåvorna. Jag kan acceptera detta till viss grad. Det har funnits en alltför smal definition av hur tjänsten i Guds rike ska se ut. Jag tror att de fem tjänstegåvorna är nödvändiga för att Kristi kropp ska växa till på ett bra sätt. Samtidigt ser jag en fara i hur några av de röster som betonar detta ser på auktoritet, ledarskap, och deras betoning av tjänstegåvorna som andliga ämbeten. Jesus förklarade tydligt att i världens riken, byggs maktstrukturer där ledare kan styra och ha auktoritet över sitt folk. Jesus tillägger sedan att det inte skall vara på det sättet bland oss. Ingen andlig tjänst kan bygga på att man har auktoritet över Guds barn, utan vi skall alltid leva i den favör som kommer med vår kallelse att betjäna Kristi kropp.

Relationsbaserad auktoritet

Vi har fått auktoritet att betjäna Kristi kropp, men vi kan endast betjäna människor som har förtroende för oss. Vår rätt att betjäna andra sträcker sig bara så långt som det förtroende de har för oss. Därför är all sann auktoritet i Guds rike relationsbaserad. När vi förblir i Faderns kärlek, kommer också vår kärlek till Kristi kropp att växa. Denna kärlek handlar inte om vår egen strävan att älska Gud och människor. Den kommer av att vi är kopplade med Jesu eget hjärta. Det är genom att förbli i hans kärlek, som vi kan växa i vår tjänst och ges auktoritet till att betjäna Kristi kropp. Genom att vi älskar Gud och människor så kan vi vinna deras tillit. Detta är enda vägen till att betjäna andra på ett sätt som har en verklig påverkan och berör deras hjärtan. På det sättet kan vi ha ett stort inflytande på Kristi kropp, även om vi inte har givits en formell position. Förtroende är alltid grunden för ett sant och bestående inflytande i Guds rike.

Det är lättare en någonsin att ha en plattform

Eftersom vi lever i en spännande tid då vi har tillgång till internet och sociala medier, så kan alla troende idag bygga en plattform där de kan betjäna tusentals människor med Kristi liv och kärlek. Med enkla kanaler som poddar, Youtube, sociala medier och alla de möjligheter som idag finns till att själv publicera sina böcker, så kan nu alla troende dela det budskap som de har fått av Jesus. Jag ser detta som en stor möjlighet och välsignelse. Vi lever i en spännande tid, då det är enklare än någonsin att sprida Faderns kärlek till hela världen. Det behövs många röster som predikar evangeliet, och hittar nya kreativa vägar att sprida Kristi kärlek. Vi lever i en tid med ändlösa tillfällen och möjligheter att utbreda Guds rike och uppenbara Faderns hjärta.

Fruktan är en dålig motivationsfaktor

En del ledare fruktar för att om människor får frihet att bygga sin egen plattform eller tjänst, så kommer det att skapa problem. Det kan givetvis bli så. Några kommer att använda sin plattform, till att sprida galna idéer och dålig undervisning. Men om vi vill leva i vår frihet som Guds barn, så är det en risk vi måste lära oss leva med. Vi behöver lita på den helige Ande förmår att leda oss i den riktning Fadern vill. Hans förmåga att leda oss rätt, är större än Satans makt att förföra. Att lära sig lita på den helige Ande är en stor del av vad det innebär att leva i tro.

Det enda alternativet till att lita på den helige Ande skulle annars vara att skapa religiösa system, som egentligen bara finns där för att kontrollera Kristi kropp. Det stora problemet med denna typ av religiösa system, är att det alltid är byggt på fruktan. Eftersom Jesus aldrig kommer att använda fruktan för att kontrollera oss, så är det en mycket dålig idé att använda religiös kontroll för att binda människor. Att leva i fruktan är det totala motsatsen till att förbli i Faderns kärlek, och dessa två kan aldrig samexistera. Vi måste välja att antingen leva i fruktan och kontroll, eller att leva i Faderns kärlek. Om vi vill leva i den livsstil som präglar Guds rike, behöver vi lita på att den helige Ande både kan och vill leda oss in i Faderns syften.

Kristuslikt inflytande

Som vi redan sett, visade Jesus oss vad det innebär att leva ett liv som har betydelse och auktoritet i Guds rike. Om vi lever för att bli betydelsefulla och märkvärdiga i den här världen, så kommer det att sluta med att vi förlorar allt. Men om vårt högsta syfte är att känna Faderns hjärta, kommer vi att glömma triviala ting som vårt rykte, och vår dröm om storhet och berömmelse. Genom att studera Kristi liv, hittar vi Guds väg in i ett liv som verkligen gör skillnad i världen.

"Var så till sinnes som Kristus Jesus var: Han var till i Guds gestalt men räknade inte jämlikheten med Gud som segerbyte, utan utgav sig själv och tog en tjänares gestalt och blev människan lik" (Fil. 2:5-7).

Jesu exempel ger oss riktningen för all tjänst i Guds rike. Fadern tar oss med på en resa, som resulterar i att våra liv uttrycker både hans ödmjukhet och självutgivande kärlek. Vi kommer då alltid att göra våra liv till en lovsång till Jesus. *"När han till det yttre hade blivit som en människa, ödmjukade han sig och blev lydig ända till döden – döden på korset"* (Fil. 2:8). När Fadern tar oss med på sin resa djupare in i ödmjukheten, så kommer vi att bli belönade på samma sätt som Jesus blev. Sann ödmjukhet är alltid vår väg till ett rikare mått av nåd och ett liv i seger.

"Därför har Gud också upphöjt honom över allting och gett honom namnet över alla namn, för att i Jesu namn alla knän ska böjas, i himlen och på jorden och under jorden, och alla tungor bekänna att Jesus Kristus är Herren, Gud Fadern till ära" (Fil. 2:9-11).

Aktiveringsövningar

- Du har blivit ordinerad och kvalificerad till att vara en tjänare i det Nya Förbundet, som sprider Kristi kärlek till världen. Ta 20-30 minuter i bön och fråga Jesus vad detta innebär för dig. Låt honom visa dig hur den här sanningen stärker ditt liv och tjänst.

- Be Fadern om mer vishet och nåd till att betjäna i det Nya Förbundet. Bjud in den helige Ande att avslöja de religiösa traditioner som du fortfarande kämpar med. Skriv ner vad han uppenbarar för dig, och be honom leda dig djupare in i din frihet i Kristus.

- I detta kapitel har vi studerat hur auktoritet fungerar i Guds rike. Vi utgick då från Jesu ord i Matt. 20:25-28. Ta tid till att studera och be över detta sammanhang. Bjud in Jesus att uppenbara mer för dig i detta ämne, och skriv sedan ner de tankar du får.

- Vad är skillnaden mellan den världsliga auktoriteten och ledarskapet, jämfört med auktoritet i Guds rike? Be och reflektera över denna fråga. Bjud in den helige Ande ge dig mer uppenbarelse.

- Ta 20-30 minuter och be Fadern göra dig fri från alla världsliga former av auktoritet. Be honom forma din tjänst till likhet med Kristus.

KAPITEL 7: BRUSTENHET, ÖDMJUKHET OCH GUDS NÅD

Det finns en underbar brustenhet som Jesus vill ge oss som gåva. Denna brustenhet är inte den sorts trasighet som kommer av vår tidigare synd, och inte heller är den en frukt av smärtan från vårt det förflutna. Detta är den slags brustenhet som kommer från att vi erkänner vårt eget stora behov av Guds nåd, och vår oförmåga att i oss själva kunna leva i Herrens vilja. Brustenheten får oss att inse den djupa sanning som finns i Kristi hoppingivande tilltal till aposteln Paulus: *"Min nåd är nog för dig, för min kraft fullkomnas i svaghet'. Därför vill jag hellre berömma mig av min svaghet, för att Kristi kraft ska vila över mig"* (2 Kor. 12:9). Det känns inte naturligt för vårt kött att vara beroende av Guds nåd, så därför måste den helige Ande lära oss hur det ska gå till. Fadern har redan en plan färdig, gällande hur livet ska bryta ned all förtröstan på vår egen kraft och förmåga. Han kommer att föra oss in i omständigheter som tvingar oss att förlita oss på hans nåd, och forma oss genom utmanande relationer för att uppnå sitt mål. Resultatet av denna slags brustenhet är sann Kristuslikhet och en ödmjukhet som gör oss formbara i Faderns händer.

Vad är den goda sortens brustenhet?

Här följer en bra definition av brustenhet: *Brustenhet är frukten av den helige Andes förvandlande verk i den troendes liv.* Guds mål är att forma oss till sin Sons avbild. Gud är ju inte källan bakom allt som sker i våra liv, men vår Fader kommer definitivt att använda varje omständighet för att fullkomna sitt verk i oss. *"Vi vet att allt samverkar till det bästa för dem som älskar Gud, som är kallade efter hans beslut. Dem som han i förväg har känt som sina har han också förutbestämt till att formas efter hans Sons bild, så att Sonen blir den förstfödde bland många bröder"* (Rom. 8:28-29). Vår Fader kommer aldrig ge upp förrän han ser den frukt som han söker efter i våra liv. Den frukten är sann Kristuslikhet. Jag har sett hur han använt många svårigheter och utmaningar i mitt liv för att forma mig till Kristi avbild. Trots att dessa faser av mitt liv var både utmanande och smärtsamma, har resultatet blivit Andens frukt. Fadern har skapat en vacker krona av mitt livs aska, och han har skapat en väg för Jesus att bli synlig genom min smärta.

En tro som testas och renas genom eld

Vi har redan sett hur brustenhet är frukten av den helige Andes verk, men den kan också komma som en följd av vår överlåtelse och de offer vi ger för att fullborda vår kallelse och syfte i Kristus. Frukten av en sann brustenhet är en djup ödmjukhet som gör oss mjuka och formbara i Faderns händer. Petrus liknar denna slags brustenhet vid en tro som har prövats och renats genom elden. *"Äktheten i er tro är långt mer värd än guld, som är förgängligt men ändå prövas i eld. På samma sätt prövas er tro för att sedan bli till lov, pris och ära när Jesus Kristus uppenbarar sig"* (1 Petr. 1:7). Det vilar en himmelsk härlighet och smörjelse över den troende, vars tro har prövats i eld. Jag har alltid upplevt en djup gemenskap och enhet i anden, med de bröder och systrar som har formats i elden. Jag lämnar alltid gemenskapen med dessa syskon, med en både förnyad och uppmuntrad tro. Kristi ljuva väldoft vilar över dem, och Andens frukt syns i deras liv.

Tider av brustenhet

Fadern har berett säsonger där vi blir brutna på ett speciellt sätt, och vi kommer alla att ledas igenom sådana säsonger så länge vi lever. Ibland kan detta vara både smärtsamt och utmanande för oss, med de goda nyheterna är att de bär med sig god frukt i oss. Jag har vid ett flertal tillfällen sett hur detta fungerar i mitt liv. När Fadern jobbar på att föra mig in i nya säsonger av välsignelse och fruktbärande, så föregås de vanligtvis av tider av prövning, då min tro renas i eld. Jag har lärt mig att älska dessa säsonger av brustenhet. De bygger nämligen upp min karaktär och de får mig alltid att bli ännu mer rotad och grundad i Faderns kärlek. Detta leder oss till en annan viktig princip i Guds rike: *Innan Jesus gör mäktiga gärningar genom dig, kommer han alltid först göra något starkt i ditt hjärta.* Under dessa tider, kommer de områden som vi har varit ovilliga att ge till Herren, bli så grundligt bearbetade att vårt motstånd mot hans planer bryts. Detta kommer att göra oss formbara i hans händer, så att han kan forma oss till Jesu avbild.

Hörnstenen som bryter ner och helar

Jesus Kristus är hörnstenen som både bryter och helar oss. Detta är en av de underbara paradoxerna med vår Frälsare. *"Stenen som husbyggarna förkastade har blivit en hörnsten. Herren har gjort den till detta, underbart är det i våra ögon… Den som faller på den stenen blir krossad, och den som stenen faller på blir söndersmulad"* (Matt. 21:42, 44). Han bryter ner oss för att befria oss från de köttsliga mönster och överlevnadsstrategier vi har bejakat för att klara livet, så att vi i stället kan leva ut vår identitet i Kristus. När jag har kommit ut ur en säsong där jag bryts ned, så följer alltid en tid av helande och vila. Jesus är vårt hjärtas store läkare, och han vet precis vad vi behöver för att formas till hans avbild.

Brustenhet förändrar vår karaktär

Eftersom brustenhetens mål alltid är Kristuslikhet, kommer den processen förvandla vår karaktär så att den liknar hans. Mose liv är ett mycket bra exempel på detta. När Mose ännu var en ung man som hade blivit fostrad av faraos dotter i palatset, sade man om honom: *"När han sedan sattes ut tog faraos dotter upp honom och uppfostrade honom som sin egen son. Och Mose blev undervisad i all egyptiernas visdom, och han var mäktig i ord och gärningar"* (Apg. 7:21-22). Mose uppfostrades till att bli en framträdande person i Egypten och han hade blivit en mycket betydelsefull man, med en ljus framtid och hela världen för sina fötter. Allt såg väldigt bra ut, men när Mose drabbades av Guds kallelse så förändrades hans mål och livsinriktning på ett dramatiskt sätt.

"I tron vägrade Mose som vuxen att kallas Faraos dotterson. Han valde att hellre bli förtryckt tillsammans med Guds folk än att ha en kortvarig njutning av synden. Han räknade Kristi vanära som en större rikedom än Egyptens alla skatter, för han hade blicken riktad mot lönen" (Hebr. 11:24-26).

Herrens kallelse började brinna i Moses hjärta. Han visste att han var kallad till att befria Israels folk, men när han försökte fullgöra sin kallelse i egen kraft, misslyckades han totalt. Det slutade med att Mose dödade en egyptisk man, och sedan blev tvungen att fly ut i öknen. I många år levde han som flykting, men under denna tid ledde Gud Mose igenom en säsong av brustenhet. Många år senare, när Mose än en gång nåddes av Guds kallelse betraktade han sig själv som oförmögen att leda och tala. Innan Gud började denna nedbrytningsprocess i Moses liv, ansågs han mäktig i ord och gärning, men som en bruten ledare beskrivs hans karaktär så här: *"Mose var en mycket ödmjuk man, mer än någon annan människa på jorden"* (4 Mos. 12:3). Mose hade då formats av Herren till att bli en ödmjuk, saktmodig och bruten ledare, som ytterst förlitade sig på Guds nåd. Detta är Faderns mål också med våra liv. Han vill inte lämna oss brutna, utan vill bygga upp oss så att Kristus kan lysa fram genom vår karaktär.

Faran med obrutna ledare

Brustenhet är speciellt viktigt när det handlar om ledarskap. En obruten ledare är en fara för Kristi kropp, eftersom den sortens ledare kommer att leda utifrån sin mänskliga styrka. Vi såg att Mose misslyckades totalt när han försökte fullgöra Guds kallelse i egen kraft. De goda nyheterna är att Gud kunde få tag på Mose, innan det gick för långt, och förvandla hans karaktär. Den ledare som inte har upplevt brustenhet blir ett mycket större problem, när de får utöva sitt inflytande över Kristi kropp under en längre period. Detta leder nästan alltid till att de försöker bygga ett eget imperium, där de ofta skapar en auktoritär och hierarkisk kultur. Denna religiösa kultur saknar Guds nåd, vilket leder till att den exploaterar och skadar Kristi kropp på djupet. Eftersom Kristus är en ödmjuk kung, så kommer allt sant ledarskap i Guds rike att byggas utifrån vår svaghet och brustenhet! Därför är det viktigt att vi förstår den stora skillnaden mellan världsligt ledarskap och den ledarskapskultur som råder i Guds rike.

I världen väljs ledare utifrån sin talang, utbildning och styrkor. I Guds rike är dessa kriterier mer ett hinder för Faderns verk i oss. Jesus utvalde alltid människor baserat på sin nåd. Därför är det lättare för honom att använda oss i vår svaghet, än i vår styrka. När vi lever i sann brustenhet och ödmjukhet inför Fadern, kan han göra våra styrkor och talanger till en tillgång för Guds rike. Eftersom han har skapat oss med alla dessa gåvor och talanger, så vill han använda dem till sin ära. Men för att våra gåvor och talanger ska bli användbara för honom, måste vi bli renade från stolthet och tilltron till vår egen mänskliga förmåga. Detta är en av de stora orsakerna, till att vi måste gå igenom dessa tider av brustenhet. Vi blir oanvändbara i Guds rike, om vi verkar utifrån stolthet. Det är bara det ödmjuka hjärtat som kan fyllas av Guds oförtjänta favör och välvilja.

Brustenhet och ödmjukhet

Fadern älskar ett ödmjukt hjärta och han ger nåd till de ödmjuka. Det är inte så att ödmjukhet gör att vi förtjänar Guds nåd, men den ödmjuke inser sitt eget behov av att Guds nåd, och är därför mer öppen för att ta emot den. Guds nåd är både hans oförtjänta favör och kraft som verkar i oss (för att läsa mer om detta ämne, se min bok *Förvandlad genom Guds nåd*). Detta är anledningen till att Gud ger sin nåd till de ödmjuka. När vi vandrar i ödmjukhet får vi del av Guds favör, och som ett resultat av det blir vi styrkta av hans närvaro. Sambandet mellan Guds nåd och ödmjukhet är så viktigt att Guds Ord beskriver detta vid flera tillfällen. Nedan kommer några exempel på detta:

"… ni alla, klä er i ödmjukhet mot varandra, för Gud står emot de högmodiga men ger nåd åt de ödmjuka. Ödmjuka er därför under Guds mäktiga hand, så ska han upphöja er när tiden är inne" (1 Petr 5:5-6).

" Men större är nåden som han ger. Därför heter det: Gud står emot de högmodiga men ger nåd åt de ödmjuka… Ödmjuka er inför Herren, så ska han upphöja er" (Jak. 4:6, 10).

"Föraktare föraktar han, men ger nåd åt de ödmjuka" (Ords. 3:34).

Om vi vandrar i stolthet, så kommer Gud själv stå emot oss, men när vi lever i ödmjukhet ger han nåd till oss. Detta förlöser hans kraft att till att verka för oss. Eftersom Jesus är ödmjuk, kan han aldrig använda den högmodige. Detta är anledningen till att Gud för oss igenom prövningar, så att han kan forma ett ödmjukt och formbart hjärta i oss. Det är först när vårt hjärta har blivit format av honom, som han kan göra ett meningsfullt verk genom oss.

Att söka efter brustenhet och ödmjukhet

En av de viktigaste lärdomar jag fått med mig genom åren, är att alltid leta efter människor med ödmjuka hjärtan. Det är farligt att välja medarbetare till ett andligt arbete, enbart utifrån gåvor och kompetens. Mänsklig styrka har inget värde i Guds rike. Det kan bara byggas på Guds nåd och han ger nåd till de ödmjuka. Därför är det viktigt att söka efter brustna och ödmjuka hjärtan hos dem vi samarbetar med. Sann ödmjukhet drar alltid till sig Guds nåd, och detta är enda sättet att bygga något som har värde i Faderns ögon. Jag har lagt märke till att de flesta skador och problem som uppstår i olika församlingar, oftast beror på brist på urskiljning av vad som finns i en medarbetares hjärta.

När människor som inte upplevt brustenhet kallas till att leda, så kommer det inte bli någon god frukt av det i längden. Vi behöver många fler ödmjuka och brustna ledare i Kristi kropp. Om vi vill bygga ett bestående verk i Guds rike, är en kultur av brustenhet och ödmjukhet det allra mest avgörande. Ödmjukhet drar till sig himlens favör och välsignelser!

Paulus process av ödmjukhet

Genom sina brev avslöjar Paulus sin egen process mot att växa i ödmjukhet och brustenhet, och hur den har format hans syn på sig själv och på sin tjänst. Hans förtröstan på sin egen förmåga blev allt mindre, i proportion till hans tillväxt i ödmjukhet. Här följer tre enkla påståenden av Paulus som bevisar detta:

- *Paulus börjar med att kalla sig själv den ringaste av alla apostlar (1 Kor. 15:9).*
- *Paulus förklarar senare att han är den minste av alla heliga (Ef. 3:8).*
- *I slutet av sitt liv förklarar Paulus att han är den främste av syndare (1 Tim. 1:15).*

Paulus resa slutade med att han såg sig själv som den främste av syndare. Detta ska inte tolkas som att han inte trodde på att han var helig och fullkomnad i Kristus. Det var i stället ett uttryck för hans djupa medvetande om hur mycket han behövde Guds nåd. Sann ödmjukhet och brustenhet löser oss från självupptagenhet, så att Kristus blir allt för oss.

Uttryck av falsk ödmjukhet

Det är stor skillnad mellan sann ödmjukhet och att ha låga tankar om sig själv. Sann ödmjukhet handlar inte om att förakta sig själv och sina gåvor. Detta är en falsk ödmjukhet, som egentligen är förklädd stolthet. Religionen närs av falsk ödmjukhet, eftersom den får oss att verka ödmjuka, medan hjärtat förblir oförändrat. Paulus förklarar att han var den främste av syndare, men när han konfronterade de falska super-apostlarna i sitt brev till korint, så konstaterar han:

"Jag menar inte att jag på något sätt är underlägsen dessa väldiga apostlar. Även om jag inte är någon vältalare, saknar jag inte kunskap" (2 Kor. 11:5-6 SFB98).

"Jag är inte på något sätt underlägsen dessa "superapostlar", även om jag ingenting är (2 Kor. 12:11).

Dessa påståenden ser inte lika ödmjuka ut som det Paulus sade i andra sammanhang, men de lär oss något viktigt om den sanna ödmjukheten. Dessa ledare hade utmanat Paulus auktoritet och identitet. Det skulle ha varit ovist av honom att acceptera detta. Ödmjukhet är att hålla med Gud, men han kommer aldrig trycka ner oss. På detta sätt kan vi leva i spänningen mellan brustenhet och ödmjukhet. Det kan vi bara göra när vi lever i uppenbarelsen att vi är Guds älskade och välsignade barn. Vi är kallade till att vandra i brustenhet inför Fadern, medan vi samtidigt bejakar att vi nu är heliga och fullkomliga i Kristus. Vi vandrar i ödmjukhet inför Jesus, medan vi samtidigt bejakar att vi är favoriserade och välsignade av vår himmelske Fader!

Ödmjukhetens välsignelser

Gud har lovat att ge en mängd olika välsignelser till de ödmjuka. Vi kan aldrig förtjäna dessa underbara välsignelser, men de ges till oss genom den nåd som Gud ger till de ödmjuka. Fadern har många mäktiga och underbara välsignelser beredda för alla sina söner och döttrar när de vandrar i ödmjukhet. Nedan följer några av dessa välsignelser:

- *Guds favör* (1 Petr. 5:6)
- *Jesus Kristi kraft, förmåga och närvaro igenom oss* (Jak. 4:6)
- *Upphöjelse och inflytande* (Ps. 147:6, Jak. 4:10, 1 Petr. 5:6)
- *Vishet* (Ords. 11:2)
- *Rikedomar, ära och liv* (Ords. 22:4)
- *Vår Far hör de ödmjukas önskan och styrker deras hjärtan* (Ps. 10:17)

- *Rättvisa* (Ps. 25:9)
- *Insikt och uppenbarelse över Herrens vägar* (Ps. 25:9)
- *Guds rike* (Matt. 5:3)
- *Den ödmjuke ska bli upplyft* (Ps. 147:6).
- *De ödmjuka smyckas med frälsning* (Ps. 149:4)

Dessa välsignelser ges till den som lever i en sann ödmjukhet och brustenhet inför Gud. Att vandra i ödmjukhet innebär inte att vi ska förakta eller ringakta oss själva, våra gåvor och erfarenheter. Att vandra i ödmjukhet innebär att vi inser vårt stora behov av Guds nåd. Endast genom att förbli i Faderns kärlek kan vi göra det han har kallat oss att göra. Ödmjukhet och brustenhet leder till att vi får ta emot mer nåd från Gud. Med den nåden kommer alla de välsignelser och fördelar som ödmjukheten ger på köpet!

Aktiveringsövningar

- I detta kapitel har vi studerat ett liv i brustenhet inför Gud. Har du gått igenom perioder av brustenhet? Vad jobbar Gud på i ditt liv just nu? Finns det ett mönster i hur han formar ditt liv? Ta lite tid i bön över detta. Bjud in den helige Ande att tala till dig om sitt verk i ditt liv. Skriv ner de insikter som du får tag på.

- Ta 20-30 minuter i bön. Använd denna tid i bön till att överlåta dig till din Fader. Be honom göra vad som än behöver göras i ditt liv, och att han formar dig till att bli än mer förkrossad och ödmjuk inför honom.

- I detta kapitel har jag nämnt några sammanhang som visar att Gud ger nåd till de ödmjuka. Dessa verser är:

  1. *Ords. 3:34*
  2. *Jak. 4:6, 10*
  3. *1 Petr. 5:5-6*

  Läs de bibelverserna igen. Be över dessa verser och låt den helige Ande ge mer uppenbarelse om sambandet mellan ödmjukhet och Guds nåd.

- Läs igenom listan i detta kapitel, där jag räknade upp några av de välsignelser som ges till den ödmjuke. Ta sedan tid att studera vad Bibeln lär om ödmjukhet. Kan du hitta några fler välsignelser och löften som ges till de ödmjuka. Hur beskriver Bibeln ödmjukhet? Gör anteckningar utifrån ditt studium om ödmjukhet.

- Ta lite tid i bön för Kristi kropp. Be att Fadern för oss in i större ödmjukhet och brustenhet inför honom.

KAPITEL 8: JESUS – TRONS UPPHOVSMAN OCH FULLKOMNARE

Tro är en nödvändig ingrediens, om vi vill leva i vår kallelse från Gud. Vår himmelske Far är den främste bland troende. Eftersom vi är hans barn, skapade till Kristi avbild, så är också vi troende. Vi har blivit delaktiga av gudomlig natur, och eftersom Gud är en Gud som tror, så innebär att vi har tagit emot ett mått av Guds egen tro. Det är viktigt att vi förstår att allt i Guds rike förlöses av nåd genom tron (Ef. 2:8). Alla välsignelser ges till oss av nåd, men vi tar emot dem genom tro. Man skulle kunna säga att tro är himmelens valuta. Denna slags tro handlar inte enbart om att med förnuftet instämma i vissa bibliska fakta. Detta är inte sann tro, för sann tro bygger alltid på uppenbarelse.

Vi kan inte bygga upp vår tro genom våra egna ansträngningar. Tron är en gåva som getts oss genom Kristi försoningsverk. Tron kommer genom att vi väljer att: *"… ha blicken fäst på Jesus, trons upphovsman och fullkomnare. För att nå den glädje som låg framför honom uthärdade han korset, utan att bry sig om skammen, och sitter nu på högra sidan om Guds tron"* (Hebr. 12:2). Jesus är egentligen den enda som har verkligt tro i Guds rike, men han bor nu i oss. Genom hans försoningsverk på korset har en ständigt ökande tro blivit vår förstfödslorätt. Vår del är att hänge oss till Jesu tro, som flödar genom oss:

"Jesus svarade dem: "Ha tro på Gud! Jag säger er sanningen: Om någon säger till det här berget: Lyft dig och kasta dig i havet, och inte tvivlar i sitt hjärta utan tror att det han säger ska ske, då kommer det att ske för honom" (Mark. 11:22-23).

Vi är troende

På flera ställen i evangelierna läser vi om hur Jesus tillrättavisade lärjungarna för deras brist på tro (Matt. 17:17-20, Mark. 6:14). Det finns också flera exempel på personer som ber Gud föröka deras tro (Luk. 17:5-6). Men efter pingstdagen, då det Nya Förbundet instiftades, så finner vi aldrig någon som ber den bönen och inte heller finns det någon uppmaning om att vi skall ha en större tro. Anledningen till detta är att Jesus nu delar sin egen tro med oss. Det är en av välsignelserna av att vi lever i Kristus. Därför är nu Guds tro en del av vår nya natur, och bristande tro är inte längre problemet. Vårt behov är i stället att ta emot mer uppenbarelse om vårt arv i Kristus. Eftersom Jesus nu bor i oss är vi troende av naturen!

Otro är ett val

I det Nya Förbundet finns många referenser till otro, men otron är inte detsamma som bristande tro. Otro är ett val att inte tro, trots att man vet sanningen. I Hebreerbrevet, läser vi: *"Bröder [och systrar], se till att ingen av er har ett ont och trolöst hjärta så att han avfaller från den levande Guden"* (Hebr. 3:12). Detta visar på att vi kan välja att inte tro. Detta var en av de största synderna hos de religiösa ledarna på Jesu tid. Trots att de visste vem Jesus var, så valde de att inte tro i alla fall (Matt. 28:11-15). Jesus mötte samma inställning i Nasaret. Folket från hans hemstad valde att inte tro, och deras otro begränsade Jesu tjänst där. Han kunde endast bota några få sjuka i Nasaret. *"Han kunde inte göra någon kraftgärning där, utom att bota några få sjuka genom att lägga händerna på dem. Och han var förundrad över deras otro. Sedan gick Jesus ut i byarna där omkring och undervisade* (Mark. 6:5-6). Otron är alltså ett val, men detta beskrivs i Skriften inte som brist på tro. Jesus själv är trons upphovsman och fullkomnare. Detta är anledningen till att vår tro alltid växer och utvecklas!

Ständigt växande tro

När vår tro tas upp i det Nya Förbundet, beskrivs den vanligtvis som en växande och ökande tro (Rom. 1: 8, 16:26, 1 Tess. 1:8). Det handlar aldrig om de troendes brist på tro. Vi har tagit emot Jesu tro som en gåva, och denna tro förökas och växer i oss. *"Vi måste alltid tacka Gud för er, bröder. Och det har vi goda skäl till, för er tro växer starkt och kärleken som ni alla har till varandra blir allt större hos var och en"* (2 Tess. 1:3). Det är härligt att veta att vi har fötts på nytt till att vara sanna troende, och att Jesus nu delar sin egen tro med oss. Det frigör oss från att oroas över om vi har tillräcklig tro. Sanningen är att det är omöjligt för oss att vandra i stor tro om vi är fokuserade på oss själva. Sann tro kan bara växa när vi fokuserar på Jesus. Vår tro kommer alltid som en gåva från Jesus och den kommer endast att växa när vi lever med honom. Detta faktum illustreras på ett kraftfullt sätt av två helt olika personer, som båda hade det gemensamt att de fick ett möte med Jesus som förvandlade deras liv.

Nyckeln till sann tro

Det finns bara två personer i Bibeln, som Jesus gav erkännandet att de hade stor tro. Vid första anblicken ser det ut som om dessa två inte hade något gemensamt alls, men skenet bedrar. Den ene av dessa var en romersk officer. Vi läser om hans möte med Jesus i Matt. 8-5-13. När Jesus såg denne mans tro blev han överraskad. *"När Jesus hörde detta, blev han förundrad och sade till dem som följde honom: Jag säger er sanningen: Inte hos någon i Israel har jag funnit en så stark tro"* (Matt: 8:10). Den andra personen som enligt Jesus hade en stor tro är en kananeisk kvinna. Vi läser om hennes möte med Jesus i Matt. 15:21-28. Jesus hade följande att säga om denna kvinnas tro: *"Då svarade Jesus henne: Kvinna, din tro är stor. Det ska ske för dig som du vill. Och från den stunden var hennes dotter botad"* (Matt. 15:28). Dessa två personer hade väldigt lite gemensamt.

Den ene var man, den andra kvinna; en var romersk officer, den andra var en kananeisk mor. Det enda dessa två egentligen hade gemensamt var att *båda var hedningar*. Det betyder att de inte stod under lagen och därför byggde deras tro endast på Kristus. Detta är den enkla, men kraftfulla nyckeln till stor tro. Lagiskheten gör oss självcentrerade, men om vi tittar ärligt på oss själva, kommer vi snart till insikt om att vi inte ens har tro till att ta emot det allra minsta mirakel.

Varken den kananeiska kvinna, eller den romerske officeren stod under lagen. Därför var deras tro baserad enbart på Jesus själv. Som vi redan konstaterat är detta nyckeln till stor tro. När vi har vårt fokus på Jesus, så kommer vår tro alltid växa. Den principen kommer aldrig att svika oss. Vi kommer alltid ha en stor tro när vi fokuserar på Jesus. Jesu egen tro är den enda tro som har kraft att förflytta berg, och han bor nu i oss och delar sin tro med oss. Detta är nyckeln till den bergfasta tro som förlöser mirakel.

Hebreerbrevet 11

Hebreerbrevet 11 är det kapitel som handlar om våra troshjältar. Detta kapitel visar oss hur Jesu tro ser ut i den troendes liv. Detta är ett fascinerande kapitel, som återger många av de kraftfulla gärningar som Gamla testamentets troshjältar utförde genom sin tro på Gud. Kapitlet visar oss på hur Jesu tro uttrycker sig genom oss. Den använder troshjältarna från det Gamla testamentet, för att ge exempel på hur Kristi tro ser ut, när den flödar genom oss idag. Det finns två nyckelverser i detta kapitel om troshjältarna, som hjälper oss förstå vad sann tro egentligen är:

"Tron är en övertygelse om det man hoppas, en visshet om ting som man inte ser" (Hebr. 11:1).

"Utan tro är det omöjligt att behaga Gud, för den som kommer till Gud måste tro att han finns och att han lönar dem som söker honom" (Hebr. 11:6).

Tron ger oss en övertygelse om det vi hoppas på och den skänker en visshet om det vi ännu inte sett. När vi lever genom Jesu tro, vet vi att allt Gud lovat har bekräftats med ja och amen i Kristus. Utan tro kan vi aldrig behaga Gud, men när vi lever av tro har vi en frimodig övertygelse om att Fadern kommer belöna oss när vi ber. Vi ska nu studera Jesu tro, genom att studera Hebreerbrevet 11. Jag föreslår att du tar dig tid att läsa igenom hela detta kapitel, innan du läser vidare.

Kännetecken på Kristi tro i Hebreerbrevet 11

I Hebreerbrevet 11 finner vi några viktiga kännetecken på Kristi tro. Vi ska nu studera dessa kännetecken. När vi gör det kommer vi att upptäcka hur viktig tron är när det gäller att bygga vårt liv och vision på Jesus. Om vi glömmer att detta är kapitlet handlar om Jesu egen tro, så kan vi lätt bli en aning överväldigade av alla de dramatiska manifestationer av tron på Gud, som räknas upp i detta kapitel. Detta skulle lätt kunna få oss att känna att vi inte riktigt räcker till, men de goda nyheterna är att detta kapitel inte beskriver vår tro. I stället beskriver detta kapitel Kristi egen tro, som flödar genom oss. Nu ska vi studera detta kapitel, för att få tag på vad Kristi tro kan åstadkomma genom oss.

Tron ger en sann förståelse (Hebr. 11:3)

Det är endast genom att vandra i tro som vi får uppenbarelse om vår himmelske Faders karaktär och vägar. Nyckeln till att finna biblisk kunskap, handlar aldrig enbart om att vi får tag på allmän kunskap om Skriften. Nyckeln till sann biblisk insikt, finns i den uppenbarelse som vi bara kan få del av genom att vandra i tro med Jesus. Paulus beskriver denna sanning på detta enkla, men ändå djupgående sätt: " *Vi riktar inte blicken mot det synliga, utan mot det osynliga. Det synliga är förgängligt, men det osynliga är evigt"* (2 Kor. 4:18). Tron öppnar vårt hjärtas ögon och ger sann insikt. Detta är anledningen till att Jesus har kallat oss att leva i tro, utan att se (2 Kor. 5:7).

Tron offrar till Gud (Hebr. 11:4, 17-18)

Att offra i tro är välbehagligt för Gud. Hebreerbrevet använder Abel och Abraham som exempel för att illustrera detta här. Abel offrade slaktoffer i tro. Offret var i sig själv inte det som behagade Gud, utan den tro som Abel visade när han bar fram sitt offer var välbehaglig för Gud (1 Mos. 4:1-5). Abraham var beredd att offra Isak, sin egen utlovade son. Den tro som fanns bakom Abrahams lydnad att offra sin son var välbehaglig för Gud. (1 Mos. 22:1-19). I vår vandring i tro så kommer det tillfällen, när vi också behöver offra något. Ibland måste vi offra både tid, pengar och anseende. När vi gör det så fångar vi Faderns uppmärksamhet, och som en följd av det kommer vi att bli välsignade och växa.

Tron bygger intimitet med Gud (Hebr. 11:5)

Tro är nyckeln till att bygga en livsstil där vi vandrar i intimitet med Jesus. Henoks hela livsbudskap visar oss på denna sanning. Hans liv sammanfattas i några korta bibelverser (1 Mos. 5:21-24). Henok var en profet och i Judas brev citeras en av hans profetior (Jud. 1:14-15). Men anledningen till att Henok blev en troshjälte var att han vandrade så nära Herren, att han till sist bestämde sig för att ta hem Henok till sig. Han dog aldrig en naturlig död, för Herren hämtade honom till himlen. *"Sedan Henok så hade vandrat med Gud fann man honom inte mer, för Gud hade hämtat honom"* (1 Mos. 5:24). När vi lever i tro kommer våra liv att alltmer präglas av närhet till Gud. Vi kommer att rotas i Faderns hjärta och våra liv blir uppfyllda av Jesu Kristi egen kärlek. Sann tro föder alltid intimitet med Gud!

Tron belönas av Gud (Hebr. 11:6)

Tro belönas alltid av Gud. Den belöning som vår himmelske Far ger, beror aldrig på våra goda gärningar. Gud belönar oss alltid utifrån sin godhet och nåd. Vår tro behagar Jesus (Matt. 20:1-16). När vi tar steg i tro kan vi frimodigt förvänta oss att bli belönade av vår himmelske Fader. Vår tro är välbehaglig för Gud (För mer undervisning om vår himmelska belöning och Kristi domstol, läs min bok *Samarbeta med Kristi kärlek).*

Tron bygger för Gud (Hebr. 11:7)

Sann tro bygger alltid något för Gud. Noa är vårt exempel på det. I radikal lydnad till Herren byggde Noa en ark för att rädda sin familj, och i förlängningen av detta hela mänskligheten. Han fick också rädda alla djur på jorden, genom att alla djurarterna fanns med på arken (1 Mos. 6-9). Eftersom Noa byggde denna ark i tro, kunde Guds plan med världen fortlöpa, precis som Herren hade planerat. Att leva i tro kommer att resultera i att vi bygger något för Gud. Vi kan bygga familj, arbete eller tjänst. Vi kommer också bygga upp våra bröder och systrar i Kristus. Poängen är att vår tro på Gud leder till att vi bygger i Guds rike.

Tron gensvarar till Guds kallelse (Hebr. 11:8-9)

Att leva i tro leder till att vi gensvarar till Herrens kallelse. Vi ser här hur Abraham blev ett perfekt exempel på detta. När Herren kallade Abraham att lämna sitt gamla, välbekanta liv, för att ge sig av till den plats där han skulle inta sin arvedel, så lydde han och lämnade sitt gamla liv (1 Mos. 12:1-4). Vi kommer att studera Abrahams och Saras liv senare, men vi kan aldrig studera biblisk tro, utan att nämna detta par som ju är urtypen på ett liv i tro på Gud. När vi lever av tro, innebär vårt gensvar till Guds kallelse, att vi lämnar vårt gamla liv så att vi kan inta vårt löftesland. Ett liv i tro är mycket spännande, för vi kommer då att leva i ständig förnyelse. Det blir så, eftersom Guds kallelse kommer att leda oss till nya platser och omständigheter hela tiden!

Tron leder oss in i löfteslandet (Hebr. 11:9, 33-34)

Genom tron tar vi emot och intar vårt löftesland. Både Abraham och Josua illustrerar denna sanning, men det kommer också alla kristna som vandrar i tro att få göra. Hebreerbrevet förklarar att trons hjältar var människor som *"genom tron besegrade kungariken, skipade rätt, fick löften uppfyllda, stängde lejons gap..."* (Hebr. 11:33). När vi lever i tro på Gud, så kommer vi att vandra i en auktoritet som övervinner mörkrets rike och intar löfteslandet. Vi kommer att stänga djävulens mun, eftersom han vandrar omkring som ett rytande lejon. Hans anklagelser tystas i våra liv, när vi förtröstar på Jesu blod. Vår tro på Gud intar vårt löftesland!

Tron på Gud skapar andlig klarsyn (Hebr. 11:10, 22)

Tro skapar andlig klarsyn och som en följd av detta, förlöser den visioner från Gud. Abraham bar på en himmelsk vision av den stad som Gud har byggt för oss. Denna stad är det nya Jerusalem, vilket är en bild av Kristi kropp. Genom tron kunde Abraham se in i framtiden och ta del av Guds planer och syften. Josef hade en liknande upplevelse. Tron skapade andlig klarsyn så att Josef såg in i framtiden. Där kunde han se Israels uttåg ur Egypten, som skulle äga rum långt senare. När vi lever av tro på Gud, får vi del av andlig klarsyn, som föder drömmar och visioner från Gud. På detta sätt får vi förmågan att leva i Guds framtid, samtidigt som vi förlöser hans planer redan här och nu. Tron ger andlig klarsyn och vision till oss.

Tro föder fram Guds löften (Hebr. 11:11-12)

Tron ger oss kraft att föda fram Guds löften i våra liv. Det finns många goda exempel på detta i Bibeln. Här lyfter Hebreerbrevet fram Sara som ett exempel på detta. Hon hade ju varit ofruktsam hela sitt liv, men eftersom hon trodde på Guds löften så blev hon helad. Herren gjorde henne fruktsam och hon födde Isak (1 Mos. 21:1-8). Genom Isak blev Sara välsignad med ett oräkneligt antal med avkomlingar, både andliga och fysiska. När vi lever i tro tar vi emot nåd att föda fram Guds löften på ett mäktigt sätt. Guds löften kommer att förlösas i våra liv för att välsigna mängder av människor. Aposteln Paulus beskrev hur han med smärta födde fram Guds löfte genom att be för de heliga i Galatien: *"Mina barn, som jag än en gång måste föda med smärta tills Kristus har formats i er"* (Gal. 4:19). Tron på Kristus förlöser kraft och nåd, till att föda fram Guds löften.

Tron på Gud gör oss till gäster och främlingar (Hebr. 11:13-16)

Att vandra i tro gör oss till märkligt folk i världens ögon. Vår tro på Gud leder oss nämligen att leva en Guds rikets livsstil. Detta sätt att leva ser helt annorlunda ut, gentemot de principer som råder i den här världen. Himmelens värderingar och kultur ser så annorlunda ut att vi i världens ögon betraktas som ett märkligt folk. Vi förblir alltid gäster och främlingar i den här världen, och vi kommer aldrig helt att passa in här. Därför skrev Paulus detta: *"Och anpassa er inte efter den här världen, utan låt er förvandlas genom förnyelsen av ert sinne så att ni kan pröva vad som är Guds vilja: det som är gott och fullkomligt och behagar honom"* (Rom. 12:2). Att förnyas i enlighet med Gudsrikets kultur gör oss till vandrande tecken och under, som både förvånar och attraherar människor. Jesus hänvisar till detta i sin översteprästerliga bön, där han sade att vi skulle leva i den här världen, utan att för den skull leva av den (Joh. 17:14-19). Vi lever nu här i tro på Gud, vilket gör oss till ett märkligt folk som är gäster och främlingar i den här världen.

Tron på Gud uppväcker döda löften (Hebr. 11:17-19, 35)

Sann tro kan aldrig acceptera att vi förlorar Guds löften. Om än dessa löften måste passera genom döden, så förväntar sig tron en uppståndelse. Detta var anledningen till att Abraham visste att även om Isak skulle offras och dö, så skulle Herren ändå kunna uppväcka honom från de döda. När vi lever i tro på Gud kommer vi att tala liv också till de löften som ser helt döda ut. Vi kommer att leva i Jesu uppståndelsekraft som uppväcker Guds löften från de döda. Ibland kan det se ut som våra drömmar och visioner är döende. Under dessa perioder vore det lätt att bara ge upp, men sann tro kommer aldrig ge upp och acceptera att misslyckandet får sista ordet. Tron återuppväcker alltid de löften som har dött, och Jesus kommer med nytt liv till våra löften!

Tron välsignar (Hebr. 11:20-21)

Tron förlöser Faderns välsignelse, och vi har blivit välsignade för att vara en välsignelse till andra människor. Att proklamera ut Guds välsignelse förlöser den helige Andes smörjelse och kraft, när den talas ut i tro. Att välsigna människor är att tala ord som förlöser Herrens syften över dem och förvandlar deras liv. Detta illustreras på ett kraftfullt sätt, när Isak välsignade Jakob. Vi får ännu ett exempel på detta när Jakob välsignade Josefs söner. Av den anledningen är vi kallade till att förlösa Herrens välsignelser över människor så ofta vi får möjlighet. Att välsigna är både vår kallelse och arvedel i Kristus. *"Löna inte ont med ont eller hån med hån. Tvärtom ska ni välsigna, för ni är kallade att ärva välsignelse"* (1 Petr. 3:9). När vi vandrar i tro kan vi förlösa himlens välsignelse som ger mening och förlöser Guds kraft, både i Kristi kropp och i världen!

Tron på Gud övervinner förföljelse (Hebr. 11:23-27, 35-38)

Alla vi som tror på Jesus kommer förr eller senare att få uppleva förföljelse, men tron på Gud övervinner världen. Genom tron på Guds kärlek övervinner vi all förföljelse vi möter. Mose blir här en väldigt bra illustration av detta. Mose blev uppfostrad till att bli en del av Egyptens kungliga familj, men han valde att avstå från denna överdådiga livsstil. Mose ansåg att Kristi vanära var en betydligt större skatt än den världsliga lyxen. När vi vandrar i tro, kommer vi ibland bli förföljda och kanske även förlora vårt rykte i den här världens ögon. De goda nyheterna är att vår tro på Jesus alltid övervinner den här världen (1 Joh. 5:4). Vår tro på Gud ger oss seger under alla förföljelser och prövningar!

Tron lyfter fram Jesu Kristi fullbordade verk (Hebr. 11:28)

Sann tro lyfter alltid fram Jesu fullbordade verk och litar helt på blodet. Vi finner en stark profetisk bild på detta, när vi studerar hur Mose strök Lammets blod på folkets dörrposter, under den första påsken. Genom Lammets blod blev Israel beskyddat från fördärvaren och vägen till deras befrielse från slaveriet i Egypten öppnades. Jesus är vårt Påskalamm i det Nya Förbundet, och vi har nu privilegiet att varje dag fira hans seger (1 Kor. 5:7-8). När vi förtröstar på hans blod och proklamerar hans seger så kommer vi alltid att övervinna Satan. *"De övervann honom genom Lammets blod och genom sitt vittnesbörds ord, de älskade inte sitt liv så högt att de drog sig undan döden"* (Upp. 12:11). När vi lever i tro på Gud, kan vi frimodigt proklamera Kristi fullbordade verk och makten i hans blod!

Tron förlöser mirakel och befrielse (Hebr. 11:29)

Tron delar på röda havet och flyttar berg, för att förlösa mirakler och befrielse från himlen. Strax efter att Guds folk hade firat påsk blev de äntligen befriade från slaveriet i Egypten. När vi lever av tro, kommer Fadern använda oss till att bryta ok och demoniska bojor. Vi kommer att vandra i Kristi mirakelkraft, som återställer brutna liv. Vår tro på Gud förlöser alltid mirakel och befrielse!

Tron på Gud intar städer för Jesus (Hebr. 11:30-31)

Vår tro ger oss kraft att inta städer för Jesus Kristus. Israels folk marscherade runt Jeriko tills murarna som omslöt staden rasade. Sedan gick de vidare och intog staden Jeriko. De olika fästen och murar av otro, som nu håller städer i bundenhet under ondskans makter, kommer att brytas när församlingen reser sig upp för att predika evangeliet. Filippus visar oss hur vi kan inta hela städer för Jesus. När han predikade Jesus i Samarien hände det att *"från många som hade orena andar for dessa ut med höga rop, och många lama och halta blev botade. Och det blev stor glädje i den staden"* (Apg.

8:7-8). När vi lever i tro på Jesus, kan vi få se städer och nationer förvandlade av evangeliet. Tron på Gud intar städer för Jesus!

Vi har något bättre

Alla dessa manifestationer av Kristi tro är mycket kraftfulla, och de gärningar som beskrivs är förbluffande. Ändå säger Bibeln att dessa trons hjältar längtade efter vår tid. De smakade Guds rike och de såg glimtar av det Nya Förbundets större härlighet. Men vi har blivit välsignade med fullheten av alla de löften som dessa underbara troshjältar längtade efter.

"Och fast alla dessa hade fått vittnesbörd för sin tro, fick de inte det som var utlovat. Gud har nämligen förberett något bättre för oss: först tillsammans med oss ska de nå fram till målet" (Hebr. 11:39-40).

Vi lever i trons fullhet, eftersom vi nu har Kristi egen tro boende inom oss. Vi lever i något bättre just nu, eftersom vi nu lever i det Nya Förbundets tid! Dessa troshjältar skulle ge vad som helst för att uppleva vår tid. Vi lever verkligen i en förunderlig tid!

Kristi tro genom oss

Det kan vara överväldigande att läsa om de kraftfulla gärningar och personer som präglades av sin tro på Gud, men vi måste veta att detta inte handlar om vår tro. Hebreerbrevet 11 skrevs för att uppenbara vad Kristi egen tro kan åstadkomma genom ett Guds barn. I början av mitt liv med Kristus, hade jag mycket prestation och bekymmer gällande min tro. Om inte mina böner besvarades så snabbt som jag förväntade mig, fastnade jag i fördömelse. Jag lade skulden på mig själv för att jag inte hade tillräckligt med tro till att ta emot från Gud. Detta ledde fram till mycket fördömelse. När jag upptäckte att jag var kallad att leva av Jesu egen tro blev jag fri. Ett liv i tro är ett liv i vila. Vi får förtrösta helt på Jesu egen trofasthet och tro som flödar genom oss. Hemligheten ligger i att vi förblir i honom. Evangeliet är goda nyheter!

Aktiveringsövningar

- Jesus är trons upphovsman och fullkomnare. Han lever nu i dig, och delar sin tro med dig. Hur förändrar denna sanning ditt perspektiv på att leva av tro? Ta lite tid att fundera över denna fråga. Bjud in den helige Ande att ge dig mer uppenbarelse över tron. Skriv ner de insikter du får del av.

- Läs Hebreerbrevet 11 tillsammans med den helige Ande. Börja med att läsa hela kapitlet. Läs det sedan långsamt en gång till. När Jesus visar på någon särskild vers eller mening, avbryt då läsningen och be honom ge dig mera ljus över den versen. Skriv ned de uppenbarelser du får tag på. Fortsätt din läsning tillsammans med Jesus, tills du har kommit igenom hela kapitlet.

- Är det någon av livsberättelserna om troshjältarna som i Hebreerbrevet 11, som talar till dig på ett speciellt sätt? Känner du att du vill ha tag på det som någon av dessa troshjältar hade fått från Gud? Ta tid i bön och be Fadern att den smörjelse som vilade över denna troshjälte, även skall förlösas över dig.

- Ta 20-30 minuter i bön för Kristi kropp. Be Herren väcka upp tro i sin kropp på ett starkare sätt, och att trons gåva skall bli uppenbarad oftare.

Del 2: Abraham—Trons Fader

I den här delen av denna bok, ska vi studera Abrahams och Saras
liv. Deras livshistoria är en kraftfull illustration av huvudtemat i
denna bok: *Barnaskap, tro och vision.* Abrahams och Saras livs är
en profetisk förebild för alla de Guds barn som i frimodig tro nu
lever med en himmelsk vision. När vi nu skall studera deras liv,
kommer vi att se att de var att par som både älskade Gud högt
och gensvarade till hans kallelse. Deras liv var inte fullkomligt
på något sätt, men genom att studera deras liv så finner vi många
värdefulla lärdomar om hur vi kan bygga en vision, och leva ett
i förbund med Gud. Vi kommer att få insikter i vad det innebär
att vara beroende av hans trofasthet och nåd. Detta är inte tänkt
som ett kronologiskt studium av deras liv. Poängen är att hämta
lärdomar angående ett visionärt liv i tro, genom att läsa om deras
livshistoria.

KAPITEL 9: ABRAHAMS TRO

I Bibeln kallas Abraham vid flera tillfällen för trons fader och de som tillhör Jesus Kristus kallas för Abrahams avkomma eller säd. Vi kan läsa hur Paulus beskriver oss som Abrahams avkomlingar i sitt brev till Galaterna: *"Här är inte jude eller grek, slav eller fri, man och kvinna. Alla är ni ett i Kristus Jesus. Och om ni tillhör Kristus är ni avkomlingar till Abraham, arvingar efter löftet"* (Gal. 3:28-29). Abrahams tro är så speciell att alla som tror på Jesus nu kallas för hans avkomma. I detta kapitel ska vi studera vad det är som gör Abrahams tro så kraftfull och viktig för oss. Hans tro var byggd på en uppenbarelse från Gud. Denna tro tillräknades honom som rättfärdighet. Vi kan läsa hur Abraham redan flera århundraden innan det Nya Förbundet hade instiftats, bar på en uppenbarelse av Jesus (Joh. 8:56). Abraham litade på Gud och vi har nu fått del av samma rättfärdiggörande tro i den nya födelsen. *"Han trodde Gud, och det räknades honom till rättfärdighet. Därför ska ni veta att de som har tron, de är Abrahams barn"* (Gal. 3:6-7).

Abraham utvaldes av nåd

Uppenbarelse från Gud innebär att våra andliga ögon öppnas så att vi kan se klart. Nyckeln till Abrahams storhet finns i det enkla faktum att han lydde det Gud visade honom. När han blev kallad av Gud var det inget speciellt med honom. Han var inte känd för sin religiösa livsstil eller några speciella gärningar. När Abraham nåddes av Guds kallelse, hette han fortfarande Abram. Han var en helt vanlig hedning som dyrkade avgudar som alla andra där i Kaldén, men Herren utvalde honom av nåd. Abrahams kallelse illustrerar följande mycket viktiga princip i Guds rike: *"Av nåden är ni frälsta genom tron, inte av er själva. Guds gåva är det, inte på grund av gärningar för att ingen ska berömma sig"* (Ef. 2:8-9). Den enda verkliga anledningen till att Abrahams livshistoria blev så speciell, var att han gensvarade på Herrens kallelse i tro.

Uppenbarelse och tro

Som Guds barn har vi fått del av samma slags tro som Abraham ägde. Denna tro baseras på en uppenbarelse av Jesus, och är den sorts tro som alltid övervinner världen (1 Joh. 5:4). Abrahams tro bygger inte på att vi bejakar vissa teologiska sanningar. Sann tro kan vi bara få tag på i ett liv i intimitet med Jesus. Vi behöver den helige Andes ljus i vårt hjärta, om vi ska kunna leva i en ständigt växande uppenbarelse om vem Jesus är. Tro kommer aldrig som ett resultat av religiösa gärningar, eller ens en helgad livsstil. Den föds i våra hjärtan som en gåva av nåd. Som vi redan sett är Jesus både upphovet och den som fullbordar vår tro. Han delar nu sin egen tro med Kristi kropp. *"Och låt oss ha blicken fäst på Jesus, trons upphovsman och fullkomnare. För att nå den glädje som låg framför honom uthärdade han korset, utan att bry sig om skammen, och sitter nu på högra sidan om Guds tron"* (Hebr. 12:2). Därför är ett av trons kännetecken vila.

Världen är vår arvedel

När vi lever i Abrahams tro får vi ärva ett mycket uppmuntrande löfte, som i alla tider har styrkt oss som längtar efter att predika evangeliet om Jesus Kristus, i alla världens nationer: *"Det var inte genom lagen som Abraham och hans avkomlingar fick löftet att ärva världen, utan genom den rättfärdighet som kommer av tro"* (Rom. 4:13). Genom vår tro på Kristus, har världen nu blivit vår arvedel. Jesus har fått världen som sin arvedel genom sitt verk på korset, och vi har blivit hans medarvingar. Detta är ett underbart löfte, och genom det löftet har vi fått mandat från vår himmelske Fader att sprida Guds rike överallt. Löftet att ärva världen är en del av vårt arv som Guds söner och döttrar. Vi har en rik Fader som har välsignat oss med ett överflödande rikt arv, men den här versen handlar inte enbart om att vi ärver världen. Den visar även något viktigt om tro.

Rättfärdiggörande tro

Vi har redan sett hur den tro som Abraham ägde var något mer än bara mentalt försanthållande av bibliska fakta. Denna tro som han ägde var en hjärtats tro som förde honom in i en rätt ställning inför Gud. Detta är en rättfärdiggörande tro. *Han trodde Gud, och det räknades honom till rättfärdighet. Därför ska ni veta att de som har tron, de är Abrahams barn"* (Gal. 3:6-7). Det är hjärtats tro som gör oss rättfärdiga, så att vi kan vara barn och arvingar till Abraham. Paulus uttrycker denna sanning med liknande ord, i sitt brev till de troende i Rom (Rom. 4:3-5). I Guds rike är allt en gåva av nåd som vi tar emot i tro (Ef. 2:8). Vi har gjorts rättfärdiga genom tro på Gud. Det innebär att vi har en rätt ställning till vår himmelske Far. Vi är hans favoriserade barn som blivit arvingar enligt löftet.

Att ärva nationerna i tro

Ett av löftena som är en del av vårt arv som Guds barn, är att alla världens nationer kommer att bli välsignade genom oss. Det är genom att leva i vårt arv som Guds barn, som vi kan förlösa alla de himmelska välsignelser som vi har fått i Kristus, och det är på det sättet som vi ärver världen. Genom Jesus har vi tagit emot ett himmelskt mandat att predika evangeliet och förmedla läkedom till nationerna. Paulus avslöjar hur ett liv i tro ger oss tillträde till Abrahams välsignelse, och hur vi nu på grund av detta kan vara till stor välsignelse i hela världen. *"Skriften förutsåg att Gud skulle förklara hedningarna rättfärdiga av tro och gav i förväg detta glädjebud till Abraham: I dig ska alla folk bli välsignade. Alltså blir de som tror välsignade tillsammans med Abraham som trodde"* (Gal. 3:8-9). Vi såg tidigare hur Abraham fick ta emot detta löfte i samband med att han blev kallad av Herren. Han hade aldrig gjort något speciellt för att vinna favör hos Gud, vilket innebär att detta löfte var ett villkorslöst löfte, som endast var baserat på Guds oförtjänta nåd och välvilja (1 Mos. 12:1-3). Abraham trodde helt enkelt på detta löfte som Gud tilldelade honom. Detta var allt Herren sökte hos

Abraham. Konsekvensen av detta var att han blev välsignad och förklarad som rättfärdig.

Att veta att vi har ett löfte att ärva nationerna är en nyckel, när vi lever ut och förvaltar de visioner och drömmar som Gud har gett till oss. Herrens favör finns där, när vi tar steg i tro för att anpassa våra liv efter Faderns vilja. Kristi favör kommer att förse oss med all styrka och visdom vi behöver, för att helt vandra i Guds vilja. Faderns stora plan är att alla världens nationer ska bli välsignade genom Kristus, för han har alltid planerat att välsigna sin älskade Son med en stor belöning för det offer han gav. Denna belöning kommer att ges åt Jesus i form av en stor skörd av själar, från alla nationer i världen. Vi har nu blivit kallade till att samarbeta med Fadern för att detta skall ske. Vi samarbetar med honom, genom att predika evangeliet och utbreda Guds rike.

Det Nya Förbundet fungerar genom tron

Det är viktigt att vi förstår att vi tar emot vårt arv av nåd genom tron. Det var så vi blev frälsta och det är så vi ska leva med Jesus – av nåd, genom tro. Vi kan aldrig någonsin förtjäna Guds favör, och inte heller kan vi bli rättfärdiggjorda genom goda gärningar. I det Nya Förbundet ges allt av nåd och oförtjänt välvilja.

"För vad säger Skriften? Abraham trodde Gud, och det räknades honom till rättfärdighet. Den som har gärningar får sin lön, inte av nåd utan som förtjänst. Men den som utan gärningar tror på honom som förklarar den ogudaktige rättfärdig, han får sin tro tillräknad som rättfärdighet" (Rom. 4:3-5).

Även om detta är en grundläggande sanning, leddes Paulus av den helige Ande till att i alla sina brev påminna oss om att vi är rättfärdiga av tro. Enkelheten i evangeliet står i motsats både till köttets vägar och all lagiskhet. Evangeliet utmanar vårt "kristna" tänkande också. Den här världen har lärt oss att vi kommer att få vad vi förtjänar, vilket betyder att om vi vill att något bra ska ske så måste vi arbeta hårt för det. Trots att jag nu har undervisat om Guds nåd i många år, behöver jag fortfarande min egen dagliga dos av evangeliet. Eftersom mitt kött och den kristna religionen framhåller lögnen att jag bara får vad jag förtjänar, så behöver jag fortsatt dagliga påminnelser om att jag lever av nåd genom tro. Ibland säger min fru till mig att jag borde lyssna på mina egna predikningar. Jag har upptäckt att varje gång som jag lyssnar till nådens evangelium händer något i mitt hjärta. Min inre värld blir mer grundad i Kristi fullbordade verk och i Faderns kärlek. I det Nya Förbundet tar vi emot det Jesus har betalt för, och vi belönas på grund av hans fullbordade verk på korset. I Kristus har vi del av alla himmelens välsignelser (Ef. 1:3). Favör och genombrott är vår arvedel, och vi tar emot dem genom tro. Vi ärver nationerna och utbreder Guds rike av nåd genom tro.

Religiösa gärningar ställer oss under lagens förbannelse

Faktum är att de som väljer att förtrösta på sina egna gärningar i sin relation med Gud kommer under förbannelse. Det är omöjligt att hålla lagen och den kommer alltid fördöma dem som försöker leva efter den. Detta är lagens uppgift: *"Men de som håller sig till laggärningar är under förbannelse. Det står skrivet: Förbannad är den som inte håller fast vid allt som står skrivet i lagens bok och gör därefter. Att ingen förklaras rättfärdig inför Gud genom lagen är uppenbart, eftersom den rättfärdige ska leva av tro"* (Gal. 3:10-11). Det finns ingen frihet eller rättfärdiggörelse i att hålla lagen och vi kommer aldrig finna frid genom att hålla fast vid religiösa gärningar. Det liv under förbannelsen som Paulus hänvisar till här, beskriver en livsstil under ett ok av konstant skuld och fördömelse. En sådan livsstil kommer att leda till en kretsgång av ständigt nederlag och passivitet. Att leva under lagen står helt i motsats till att leva i tro och de två kan aldrig blandas ihop. *"Men lagen säger inte 'av tro', utan att den som följer dessa bud ska leva genom dem"* (Gal. 3:12).

Friköpt från lagens förbannelse

Vi har nu blivit lösta från lagens förbannelse. Detta innebär att vi inte längre behöver utstå ett liv i nederlag, där vi är betryckta av konstant skuld och fördömelse. Genom den frälsning som Jesus vann åt oss på korset, så blev han en förbannelse för vår skull för att vi skulle leva ett välsignat och andefyllt liv med vår Far. Jesus blev som vi, för att vi skulle bli som han:

"Kristus har friköpt oss från lagens förbannelse genom att bli en förbannelse i vårt ställe. Det står skrivet: Förbannad är var och en som är upphängd på trä. Så skulle välsignelsen som Abraham fått komma till hedningarna i Jesus Kristus, så att vi genom tron skulle få den utlovade Anden (Gal. 3:13-14).

Detta är ett av de bibelsammanhang som har blivit en nyckel för mig i mitt liv med Gud. I mina tidigare böcker har jag skrivit mer utförligt om min kamp med religiositet och lagiskhet, så jag ska inte upprepa min berättelse om det här. Men jag vill att du skall veta att jag kan relatera till smärtan och frustrationen, som alltid blir frukten av att leva under lagens förbannelse. Jag kämpade hårt under det religiösa betrycket för att förtjäna Guds favör och godkännande, men jag lyckades aldrig finna ett meningsfullt liv med Gud. När min uppenbarelse om det Nya Förbundet växte sig starkare, så började jag inse att jag genom Jesus Kristus redan var välsignad och högt favoriserad av min Fader. Jag hade redan givits tillträde till det andefyllda livet, och jag kunde ta emot det i tro. Att vara rotad och grundad i det Nya Förbundet gör oss fria till att leva ett tillfredsställande liv med Jesus i Faderns närhet. Livet i det Nya Förbundet är långt bättre och mera spännande än jag någonsin vågade drömma om. Vi har nu blivit friköpta från lagens förbannelse!

Det andefyllda livet är vår födslorätt

Vi har nu tagit emot den helige Ande som en garanti för vårt arv. *"I honom har också ni, när ni hörde sanningens ord, evangeliet om er frälsning, i honom har också ni, när ni kom till tro, fått den utlovade helige Ande som ett sigill. Anden är ett förskott som garanterar vårt arv, att hans eget folk ska befrias, till hans ära och pris"* (Ef. 1:13-14). Den helige Andes närvaro är avgörande om vi ska kunna vandra i vårt arv som söner och döttrar. Det enda sättet att få våra kristna liv att fungera är genom den helige Andes kraft. Han har samma betydelse för vårt liv med Jesus, som bensinen har för våra bilar. Vi kan inte köra bil utan bränsle i tanken, och inte heller kan vi leva i Kristi fullhet utan hjälp från den helige Ande. Det är genom den helige Andes kraft som vi kan utöva vår auktoritet i Kristus, och det är genom den helige Andes smörjelse som vi kan utbreda Guds rike i den här världen. Detta är den enda vägen till att löftet om att vi ska ärva världen kan bli verklighet. Vi behöver vandra i djup intimitet med den helige Ande, och dagligen dricka av det levande vattnet från Far.

Rättfärdiggjord på grund av lagen?

En del av er kanske blir påminda om en text i Jakobs brev, som ibland kommer upp när det predikas om att vi nu har blivit Guds rättfärdighet i Kristus Jesus. I det bibelsammanhanget talar Jakob om något som de kristna ibland har tolkat som en motsägelse till Paulus klara undervisning om vår rättfärdiggörelse genom tron allena. Ganska många kristna har genom åren frågat mig vad det sammanhanget betyder. Så här skrev Jakob:

"Men vill du inte inse, tanklösa människa, att tron utan gärningar är död? Blev inte vår far Abraham erkänd som rättfärdig genom gärningar när han bar fram sin son Isak på altaret? Du ser att hans tro samverkade med hans gärningar, och genom gärningarna blev tron fullbordad" (Jak. 2:20-22).

Det kanske verkar som om Jakob talar emot rättfärdighet genom tron i denna text, med så är inte fallet. Abrahams gärningar, som Jakob hänvisar till här, ägde rum när han förberedde sig för att offra sin son Isak på Moria berg. Vi måste komma ihåg att detta hände många år efter att Gud hade förklarat Abraham rättfärdig genom tro (1 Mos. 15:6). Abraham handlade helt enkelt i enlighet med vad han redan trodde.

I Guds ögon var Abraham redan rättfärdig, men hans lydnad till Gud bevisade att han var en rättfärdig man i människors ögon. Abraham var Guds vän och han agerade helt enkelt utifrån detta. Detta är kännetecknet på att man äger en levande tro. En levande tro bär frukt i form av levande gärningar, som flödar fram ur vår gemenskap med Jesus. *"Så uppfylldes Skriften som säger: Abraham trodde Gud, och det tillräknades honom som rättfärdighet, och han kallades Guds vän. Ni ser alltså att människan erkänns som rättfärdig genom gärningar och inte bara genom tro* (Jak. 1:23-24). En levande tro producerar alltid goda gärningar, men goda gärningar är inte detsamma som en levande tro. Det är enkelt att förstå skillnaden mellan döda gärningar, och gärningar som kommer som en frukt av en levande tro. Laggärningar handlar om att försöka förtjäna Guds godkännande och favör, medan trons gärningar alltid är ett uttryck för vår tro på Kristus. Laggärningarna bygger på våra försök att få en rätt ställning med Gud, medan levande gärningar är en frukt av att vi är blivit rättfärdiga i Kristus. Dessa gärningar är ett uttryck för vår identitet i Kristus.

Att agera utifrån vilka vi är

Eftersom en levande tro flödar ut ifrån vår relation med Kristus, så kommer god frukt utifrån att vi förblir i honom. Detta innebär att vi bara handlar utifrån vilka vi är, när vi gör goda gärningar. *"Anden själv vittnar med vår ande att vi är Guds barn. Och är vi barn så är vi också arvingar, Guds arvingar och Kristi medarvingar, lika visst som vi lider med honom för att också förhärligas med honom"* (Rom. 8:16-17). Vi har nu blivit Guds rättfärdighet i Kristus och vi kan regera i liv här och nu. Eftersom vi är vår Faders älskade, rättfärdiggjorda och välsignade barn, så kan vi leva helgade och överlåtna liv som förvandlar världen genom att vi utbreder Guds rike. Låt oss därför handla på dessa sanningar, genom att hitta nya kreativa vägar att leva ut vårt liv i Kristus.

Aktiveringsövningar

- Vi har konstaterat att det inte var något speciellt med Abraham, innan Gud kallade honom. Han var en helt vanlig människa, utvald och kallad genom Guds nåd. Du blev också utvald och kallad av samma nåd. Hur påverkar det din förståelse av din kallelse? Ta lite tid tillsammans med den helige Ande, och reflektera över denna sanning. Be din Fader om större uppenbarelse gällande denna sanning. Skriv ner de lärdomar du får.

- Likt Abraham har du blivit rättfärdiggjord genom din tro på Kristus. Du är nu Guds rättfärdighet i Kristus. Läs följande bibelverser tillsammans med Jesus och be honom uppenbara mer för dig om detta ämne.

    1. *2 Kor. 5:21*
    2. *Rom. 3:21-26*
    3. *Rom. 4:5-8*
    4. *Rom. 5:17-21*

Hur påverkar insikten om att du är rättfärdig i Kristus din kallelse? Hur ger detta dig mer frihet i ditt liv med Jesus? Hur hjälper det dig att gå vidare med din vision tillsammans med Fadern?

- Vi ärver världen tillsammans med Jesus genom att vi har tagit emot Kristi rättfärdighet. Vi har ett mandat och uppdrag att utbreda Guds rike över hela världen. Ta 20-30 minuter i bön, då du ber Gud fylla dig med en djupare passion för mission och evangelisation.

- Vi har sett att ett andefyllt liv är vår födslorätt som Guds barn. Ta tid med din Far i bön för Kristi kropp. Be honom ta oss djupare in i det andefyllda livet, med alla dess välsignelser!

KAPITEL 10: ABRAHAMS TROSRESA

Varje troende som bär på en sann vision från Gud, kommer förr eller senare bli utmanad av Gud till att göra en resa i tro. Denna resa kommer att ta oss bort från välkända trakter ut i okänt land, och från det trygga in på områden av förtröstan och risktagande. Detta är en resa från den torra öknen in i löfteslandet. Den resa som förde Abraham bort från hans välkända liv i Ur till Kanaans land, ger oss ett fascinerande exempel på en sådan vandring (2 Mos. 12:4-7). Denna resa som bara nämns i ett kort sammanhang, erbjuder några mycket viktiga lärdomar till oss. I det här kapitlet skall vi studera denna trosresa lite närmare.

Driven av en vision av Jesus Kristus

Hebreerbrevet visar oss vad som motiverade Abraham till att ge sig ut på denna utmanande resa. Vid resans början visste han inte riktigt vart han var på väg, men inom sig bar Abraham på en klar vision av den stad som Herren hade byggt. *"I tron lydde Abraham när han blev kallad att dra ut till ett land som han skulle få i arv, och han gav sig i väg utan att veta vart han skulle komma… för han väntade på staden med de fasta grundvalarna vars byggmästare och skapare är Gud"* (Hebr. 11:8,10). Abraham hade blivit kallad av Herren, och med den kallelsen tog han också emot en vision. Han visste hur hans liv skulle kunna bli, om han bejakade Guds kallelse att gå till den plats Herren hade gett honom som arvedel. Denna vision brann i hans hjärta, och därför var Abraham villig att lämna sitt gamla välkända liv. Han lämnade sitt hem, sin släkt och sitt eget land, för att komma till den plats som Gud hade gett honom som arvedel. I anden skådade Abraham redan det nya Jerusalem i all dess härlighet. I anden såg han äktenskapet mellan Lammet och den högt älskade bruden. *"Abraham, er far, jublade över att få se min dag. Han såg den och gladde sig"* (Joh. 8:56). Den här visionen gav Abraham både styrka och mod att gå vidare med Gud.

Att dra ut för att komma in!

Att ta emot ett löfte eller en vision från Fadern, har potential att förvandla våra liv på ett kraftfullt sätt för evigt. För att fullborda denna resa i tro, behöver vi lära oss att se våra liv utifrån Faderns perspektiv. Detta är kärnan i att bära på en andlig vision. Fadern delar sin egen bild av vår framtid, och inbjuder oss att samarbeta med honom för att denna vision ska bli verklighet. När vår vision från Gud blir mer verklig för oss än de omständigheter vi lever i här och nu, blir det omöjligt att stagnera i vår vandring med Gud. Abraham fick uppleva detta när Herren kallade på honom:

"Gå ut från ditt land och din släkt och din fars hus och bege dig till det land som jag ska visa dig. Där ska jag göra dig till ett stort folk. Jag ska välsigna dig och göra ditt namn stort, och du ska bli en välsignelse. Jag ska välsigna dem som välsignar dig och förbanna den som förbannar dig. I dig ska jordens alla släkten bli välsignade" (1 Mos. 12:1-3).

Abraham hade tagit emot många starka löften från Herren, och dessa löften var knutna till landet, som hade blivit hans arvedel. Detta var huvudanledningen till att Herren kallade Abraham att lämna sitt gamla liv. Han måste dra ut för att komma in. Denna princip kan tillämpas på oss också. Vi kommer aldrig nå vår fulla potential i Gud, om vi vill stanna på en trygg och välbekant plats. Detta är anledningen till att Gud inbjuder oss till en liknande resa i tro. Detta är en resa in i djupet av Faderns hjärta, där han formar oss för att vi ska leva i vårt himmelska arv. En sådan resa betyder inte nödvändigtvis att vi flyttar till en annan stad, eller ett annat land, men det innehåller en verklig reformation av våra hjärtan. Abrahams resa uppenbarar en viktig princip i Guds rike: *Vi måste dra ut, för att komma in!*

Guds löften och det större perspektivet

De löften Gud gav till Abraham, skulle inte enbart beröra honom och hans familj, utan deras uppfyllelse skulle bli till välsignelse för hela världen. Att ta emot så stora löften från Gud kräver både en stor vision och ett ödmjukt hjärta. De här två egenskaperna är Guds väg att göra oss redo för hans välsignelse. Att vara bärare av ett ödmjukt hjärta, innebär att ha ett stort hjärta som rymmer Guds plan. Abraham hade ett ödmjukt hjärta, och därför kunde hans vision expandera, medan Gud gjorde sitt verk i honom.

Eftersom Jesus är Abrahams sanna säd och avkomling, så är han också den slutgiltiga uppfyllelsen av dessa löften. Eftersom vi nu är i Kristus, så kan dessa löften tillämpas, också på oss idag. *"Nu gavs löftena till Abraham och hans avkomma. Det står inte: 'och dina avkomlingar', som när det gäller många, utan som när det gäller en enda: och din avkomma, som är Kristus "* (Gal. 3:16). Vi vet inte hur mycket Abraham kände till angående Faderns plan att fullborda dessa löften genom Jesus Kristus. Men vi vet att dessa löften var en viktig källa till uppmuntran och tröst för Abraham. Varje löfte och vision vi tar emot från Gud, kommer alltid att leda mot målet att uppenbara Jesus för världen.

Guds löften styrker oss på vår resa, men de gör samtidigt Jesus mer synlig. Detta är ett av skälen till att vi behöver hålla Herrens löften levande i vårt hjärta. De uppenbarar nämligen vår framtid. När vi mediterar och ber över dessa löften hämtar vi styrka från Herren, och får en stor dos av tröst och uppmuntran. Personligen har jag valt att spara alla mina profetiska löften i en fil på min mobil. Jag läser dem och proklamerar dem över mitt liv och min familj varje dag. Detta är ett bra sätt för mig att påminna mig om syftet med mitt liv, och det är underbart att börja dagen med att proklamera Guds löften över min familj och den tjänst vi står i.

Att börja resan

Gud talade till Abraham om att han skulle lämna sitt gamla liv, för att i stället resa till ett land han inte visste något om. Faktum är att han inte ens visste vart han skulle ta vägen när han inledde sin resa. Men han visste att Gud skulle visa honom på vägen som han skulle gå. *"Abram gav sig i väg som Herren hade sagt till honom, och Lot gick med honom. Abram var sjuttiofem år när han lämnade Harran"* (1 Mos. 12:4). När Gud talar till oss får vi uppenbarelse, och den kommer att utmana oss till att börja resan i tro. När Gud talar till oss, innehåller hans ord också den styrka vi behöver för att kunna ta alla steg in i Herrens vilja. När en troende ska inleda sin resa i tro, vet de oftast med sig att de inte kan stanna kvar där de befinner sig, men det är inte alltid lätt att veta vart resan för dem. De flesta av oss har upplevt något av detta. Det händer när vi tar emot ny vision från Fadern, och plötsligt inser vi att vi inte längre kan stanna där vi är. Inte heller vet vi vart denna resa i tro ska ta oss. Det enda vi säkert vet är att vi har sett det nya som vår Fader vill ge oss, och att vårt enda alternativ är att lita på att han leder oss dit. Det är spännande att följa den helige Andes ledning på detta sätt. Det kommer att bevara oss ödmjuka och beroende av Jesus och hans nåd.

Du är aldrig för gammal

Det är viktigt att vi får med oss att Abraham hade hunnit bli 75 år gammal när han började sin resa, och han var ännu äldre när hans son Isak föddes. Det visar oss att vi aldrig blir för gamla för Gud. Jag vill uppmuntra dig som tycker att du är gammal och att din tid är över. Det är aldrig för sent att bejaka Guds kallelse. Din livshistoria är inte över än, och Gud vill ge dig många välsignade år tillsammans med honom: *"Som Guds medarbetare uppmanar vi er också att ta emot Guds nåd så att den blir till nytta. Han säger ju: Jag bönhör dig i nådens tid, jag hjälper dig på frälsningens dag. Nu är den rätta tiden, nu är frälsningens dag"* (2 Kor. 6:1-2). Nu är det din tid att resa dig upp och stråla för Jesus. Det är väldigt vanligt att vi talar om att resa upp unga ledare och naturligtvis är det viktigt att en ny generation reser sig. Men samtidigt behöver vi komma ihåg att Gud inte bedömer oss på ett mänskligt sätt.

Vår Fader ser alltid till hjärtat. Om ditt hjärta är öppet för Gud så är allting möjligt, oberoende av hur gammal eller ung du är. Nu är det din tid att ta steg med Gud. Hans kallelse beror inte på din ålder, utan enbart på ditt hjärtas gensvar. Om ditt hjärta är öppet för Jesus, så kommer han göra förunderliga ting genom ditt liv. I Guds rike finns inga pensionärer. Han vill ta hela sitt folk in i det förlovade landet. Fadern kommer att förnya din styrka och göra dig ung på nytt (Ps. 103:5, Jes. 40:29-31). Djävulen är vår åklagare, och han vill alltid peka på det som är fel med oss. Han kommer att hävda att vi antingen är alltför unga eller för gamla, att vi har fel utbildning eller att vi bor i fel stad eller land. Genom att peka på allt som är fel med oss, vill djävulen göra oss modfällda så att vi till slut tröttnar och ger upp. Men inget av detta betyder något för Gud, eftersom han redan har kvalificerat oss till tjänst i det Nya Förbundet. Nu är det vår tid!

Andlig klarsyn ger uthållighet

Resan in i vårt förlovade land kommer stundtals bli utmanande, men uppenbarelse ger andlig klarsyn. När vi lever med en vision från Gud gällande hans plan för vår framtid så finner vi styrkan i den, till att övervinna andliga attacker och de utmaningar vi får möta under vägen. Vi inledde detta kapitel med att läsa ett stycke från Hebreerbrevet 11. Vi skall nu fortsätta vår läsning från det sammanhanget.

"I tron levde han [Abraham] i löfteslandet som i ett främmande land. Han bodde i tält med Isak och Jakob som var medarvingar till samma löfte, för han väntade på staden med de fasta grundvalarna vars byggmästare och skapare är Gud" (Hebr. 11:9-10).

Trots att Abraham hade fått löftet om att ärva landet, levde han som en främling och bodde i tält, när han kom in i Kanaans land. Detta var antagligen ingen enkel livsstil för en man i Abrahams ålder, men han utstod allt detta eftersom han bar på andlig vision och såg Guds stad framför sig. Abraham hade en tydlig vision av den staden i sin ande, vilket gav honom den styrka han behövde.

Visionen av Guds stad pekade på det arv som Herren hade lovat att ge till Abraham.

Resan blir fullbordad

Abraham och hans resesällskap gjorde resan och anlände till det förlovade landet. Deras resa både började och fullbordades i tro. *"Han tog med sig sin hustru Saraj och sin brorson Lot, alla ägodelar och allt det folk de skaffat sig i Harran och gav sig av mot Kanaans land"* (1 Mos. 12:5). Som vi såg i inledningen av detta kapitel, så beskrivs denna resa endast mycket kortfattat. Ändå var detta den viktigaste resa som Abraham någonsin gjorde. För det mesta har uppfyllelsen av Guds löften en koppling till det område i anden, som vi kan kalla vårt personliga löftesland. Precis som Abraham behöver vi en tydlig vision för att fullborda vår resa i tro. Därför är det viktigt att vi lever i en ständigt växande uppenbarelse om Jesus och Faderns hjärta. Den glädje vi får av att se Guds plan bli verklighet i våra liv är värt allt!

Att göra det utlovade landet till en plats av tillbedjan

När Abraham kom fram till Kanaans land, uppenbarade Herren sig för honom ännu en gång. Gud gjorde detta för att bekräfta sin plan att ge Kanaans land till Abraham och hans arvingar: *"Och Herren uppenbarade sig för Abram och sade: 'Åt dina efterkommande ska jag ge detta land'. Då byggde han ett altare åt Herren som hade uppenbarat sig för honom"* (1 Mos. 12:7). Herren visste att Abraham behövde påminnas om Guds löften många gånger. Det är viktigt att vi håller Guds löften levande i vårt hjärta. Ett bra sätt att göra detta är att skriva ned, och spara de viktigaste profetiska orden som vi har fått av Jesus. Om vi gör det så kan vi läsa och lyssna till dem igen, vilket är ett bra sätt att behålla Guds löften levande i våra hjärtan. Abrahams gensvar när han kom in i löfteslandet, uppenbarar ännu en viktig princip i Guds rike. När vi kommer in i löfteslandet tillsammans med Jesus, behöver vi genast göra det till en plats av tillbedjan. Det har aldrig varit aldrig tänkt att vår vision skulle handla om vår egen kamp eller strävan. Vi har blivit kallade att leva i trons vila, samtidigt som vår vision växer. Det enda sättet att helt inta vårt förlovade land, samtidigt som vi lever i trons vila är genom en livsstil av tillbedjan och närhet till Kristus. Jesus är vårt förlovade land, och vi kan bara förvalta det i gemenskapen med honom. Genom att vi utvecklar en livsstil av tillbedjan, kommer vi att förbli rotade och grundade i hans stora kärlek. Detta hjälper oss att behålla blicken fäst på honom. Den gudsrikes princip som vi kan ta med oss är: *Vi intar vårt löftesland, genom att göra det till en plats av tillbedjan!*

Fortsatt uppmuntran från Kristus

Så fort Abraham kom in i löfteslandet, började Gud uppmuntra honom genom att upprepa sina löften om att hela landet skulle tillfalla honom själv och hans avkomma. En viktig aspekt av Jesu tjänst idag är att han tröstar och uppmuntrar sina syskon. Denna tjänst blir synlig, genom hur Gud fortsatte uppmuntra Abraham med att påminna om de löften som han gett till honom. Abraham behövde kontinuerlig uppmuntran, och han bevarade ett öppet hjärta gentemot Gud, så att Herren kunde tala till honom. Att få ord av tröst och uppmuntran, antingen direkt från Herren eller genom andra, är viktigt för oss om vi vill få tag på vårt utlovade arv. Vi behöver kontinuerlig uppmuntran och tröst från vår Far (för mer om detta, se mina böcker *Förbli i Faderns kärlek* och *Jesu Kristi brinnande kärlek*). De goda nyheterna för oss är att vi genom Kristus nu har tillgång till en oändlig källa av uppmuntran och tröst (Fil. 2:1-2).

Aktiveringsövningar

- I detta kapitel har vi studerat hur all uppenbarelse från Herren utmanar oss att börja en resa i tro. Har du någon gång fått en uppenbarelse från Jesus, som har fått dig att ge dig ut på en sådan trosresa? Befinner du dig på denna trosresa just nu? Kommer du någon gång under ditt liv göra en sådan resa? Ta tid att gå igenom detta med Jesus. Skriv ned de insikter som Jesus ger dig.

- Jag skrev att denna resa i tro kommer att ta dig djupare in i Faderns hjärta. Ta 20-30 minuter i bön och be Fadern ta dig djupare in i hans kärlek. Drick in hans närvaro och förbli i hans nåd.

- I detta kapitel har vi upptäckt en viktig princip i Guds rike, gällande hur du tar dig in i det förlovade landet: *Du måste dra ut, för att komma in.* Vad behöver du lämna för att komma in i det förlovade landet? Be den helige Ande tala till dig om detta. Skriv ned det han visar dig.

- Vi har sett hur vi kan inta det förlovade landet i vila och frid, genom lovprisning och tacksägelse. Ta tid att tillbe Fadern och tacka honom för den vision han gett dig.

- Vi behöver ständigt uppmuntran från Fadern. Ta lite tid i bön och be honom tala uppmuntran till dig, på följande tre sätt:

  1. *Be Fadern om en uppmuntrande bibelvers.*
  2. *Be om ett personligt uppmuntrande ord.*
  3. *Be om uppenbarelse genom en vision eller dröm.*

Skriv ner de uppmuntrande ord och visioner som du tar emot från Fadern, och ta tid att be utifrån detta.

- Upprepa den föregående övningen ännu en gång, men den här gången för att förmedla uppmuntran till någon annan. Be Jesus visa dig minst tre personer som han vill uppmuntra genom dig. Be att Jesus ger dig en bibelvers, ett profetiskt ord eller en syn som ett uppmuntrande ord till var och av dessa personer. Skriv ned de ord du får av Jesus, och dela dem med de personer som han visar dig.

Alla som bygger en vision tillsammans med Jesus, kommer förr eller senare tvingas att konfronteras med sin egen svaghet. Detta är oundvikligt, eftersom Kristus har valt att göra sitt verk genom ofullkomliga människor som oss. Ibland blir våra brister synliga, samtidigt som Herren verkar genom oss. Därför behöver vi lära oss att hantera våra svagheter och utmaningar på ett bra sätt. Vi behöver aldrig förandliga eller komma på ursäkter för vår kamp, men vi skall heller inte tillåta skuld eller fördömelse att plåga oss. Vi behöver lära oss att ge våra svagheter och misslyckanden till Gud, så att vi kan komma vidare i vår tjänst med Jesus.

Abrahams misslyckanden och misstag

Det har varit befriande för mig att upptäcka att nästan alla hjältar som vi läser om i Bibeln var helt vanliga människor. När Herren skriver vår historia, förmedlar han aldrig glansiga, religiösa ytor eller andliga fasader. Våra bibliska troshjältar var väldigt vanliga människor, som brottades med sina misstag och svagheter precis som du och jag. Detta gällde också Abraham och i det här kapitlet ska vi hämta ett antal viktiga lärdomar, genom att studera några av Abrahams misstag. Senare ska vi titta närmare på Abrahams allra mest pinsamma personliga misslyckande, gällande hur han hanterade Hagar och Ismael. Men här ska vi se närmare på några av de andra tillfällen då Abraham missade Guds vilja. Vi tar upp detta för att lära oss hur vi ska hantera våra tillkortakommanden på bästa möjliga sätt. Förr eller senare kommer vi att misslyckas på något sätt. Abrahams historia ger oss ett antal goda lärdomar, om hur vi kan hantera misslyckanden och svagheter på ett så bra sätt som möjligt.

Abraham blev rädd och flydde till Egypten

Direkt efter att Abraham hade kommit in i det förlovade landet, blev det en svår hungersnöd där. Gud hade lovat att välsigna och alltid vara med Abraham. Herren hade varit väldigt tydlig med att han ville förse honom med allt han behövde. Ändå reagerade Abraham med fruktan på svälten, och gav sig i väg till Egypten. *"Men det blev svält i landet, och Abram flyttade ner till Egypten för att bo där som främling, eftersom svälten var svår i landet"* (1 Mos. 12:10). Denna händelse visar på en av de utmaningar som vi måste lära oss att hantera, när vi bygger vår vision tillsammans med Jesus. Djävulen har vissa områden där han gång efter annan vill inrikta sina attacker, för att stjäla och begränsa vår gudagivna vision. Att slå på vår ekonomi är ett av dessa områden. Anledningen till att han gör detta så ofta, är för att den taktiken alltid har varit väldigt effektiv. Om djävulen kan begränsa vår ekonomi, kan han också kontrollera vår vision och i hög grad göra oss ineffektiva i Guds rike. Djävulen vill kontrollera oss för att binda våra visioner. Att begränsa vår ekonomi är ett av de enklaste sätten för fienden att förtrycka Kristi kropp.

I Bibeln är Egypten en profetisk bild på det världsliga systemet. Det innebär att när Abraham hamnade under ekonomisk press, gick han tillbaka till världen för att hitta en lösning på problemet. När Abraham gjorde detta, lämnade han sig gudagivna ställning av beskydd och välsignelse. Den här världens visdom lär oss att överleva genom hårt arbete och att spara pengar. Naturligtvis är det viktigt att ha både en hög arbetsmoral, och vishet om hur vi skall förvalta våra pengar. Däremot blir det problematiskt när vi vill skaffa oss ekonomisk trygghet utan Gud. Om vi vill göra det, kommer tryggheten bli vår avgud. Detta är tvärt emot hur Guds rike fungerar. Där finner vi vår enda trygghet i Kristus. Faderns plan att försörja oss bygger på lagen om sådd och skörd. Han har alltid en plan redo gällande hur han ska förse oss med det vi kan behöva, men han kommer aldrig att tvinga oss att acceptera den.

Herren tillät att Abraham försökte finna försörjning och säkerhet i köttet, trots att detta var ett dåligt val som skapade fler problem för honom.

Jesus förlöste ekonomiskt överflöd på korset

Det bibliska sättet att leva i ekonomisk frihet, utan att ge efter för fruktan, är att leva i en djup uppenbarelse av Faderns godhet och önskan att välsigna oss med överflöd. Han har redan planerat för vår försörjning. Jesus bröt bristens och fattigdomens förbannelse på korset, och han vill att vi skall bli välsignade med mer än nog. *"Ni känner ju vår Herre Jesu Kristi nåd. Han var rik men blev fattig för er skull, för att ni genom hans fattigdom skulle bli rika"* (2 Kor. 8:9). Vi behöver bli rotade och grundade i sanningen att Jesus förlöste himlens alla rikedomar genom korset. Vi kan helt och fullt lita på hans plan för att försörja oss. Denna uppenbarelse ger styrka och mod till oss så att vi kan stå fast i vår vision och kallelse, även om vi måste utstå perioder av brist och svält.

Abraham ljuger och offrar sin fru för att rädda sitt eget skinn

Om vi låter fruktan får grepp om oss på något område, så sprids den vanligtvis till andra delar av livet också. Abraham levde inte bara i fruktan på grund av hungersnöden. Han var också orolig för att Saras skönhet skulle orsaka svårigheter för honom. Därför sade han att Sara var hans syster.

"När han närmade sig Egypten, sade han till sin hustru Saraj: Jag vet ju att du är en vacker kvinna. När egyptierna får se dig kommer de att säga: Hon är hans hustru! Och så dödar de mig men låter dig leva. Säg därför att du är min syster, så går det bra för mig för din skull och jag får leva tack vare dig" (1 Mos. 12:11-13).

Ordspråksboken klargör för oss att människofruktan har med sig snaror (Ords. 29:25). Människofruktan är en annan av djävulens allra mest effektiva fällor. Om vi blir fångade av den, blir friheten och frimodigheten att leva ut vår vision mycket begränsad. Den tar hängivenheten från oss. Fruktan är ett otroligt effektivt vapen som Satan vill använda till att försöka kontrollera vår vision, och begränsa framgången för vår tjänst. Ibland maskerar fienden sin fruktan genom att erbjuda "religiös vishet". Vid sådana tillfällen försöker han få oss att handla vist, genom att råda oss till att avstå från att ta sådana steg i tro, som får oss att framstå som dåraktiga och ogenomtänkta i människors ögon. Den religiösa visheten vill också att församlingen skall bli "sökarvänlig", så att de som ännu inte tror på Kristus inte blir störda av vårt uppträdande. Detta är en religiös kultur, men dessa värderingar skall inte prägla Guds rike. Vi är ett utvalt men märkligt släkte, som världen aldrig kan förstå fullt ut. Det finns stor frihet i att leva i enlighet med detta! Vi ska inte uppträda så underligt att människor inte kan relatera till oss. Men vi behöver ju heller inte vara en avslagen församling som anpassar sig till de förväntningar som världen har på oss. Vi är endast kallade att återspegla Jesus och formas till hans avbild!

Fruktan är en självuppfyllande profetia

Fruktan är som en självuppfyllande profetia, för det dröjde inte länge innan Abrahams största rädsla blev verklighet. *"När Abram kom till Egypten, såg egyptierna att Saraj var en mycket vacker kvinna. Faraos hövdingar fick se henne och prisade henne inför farao, och hon fördes in i faraos palats"* (1 Mos. 12:14-15). Faraos tjänare förde Sara in i faraos palats, och kungen sände dyrbara gåvor till Abraham för hennes skull (1 Mos. 12:16). Detta visar oss att det ibland kan verka som fruktan har med sig en kortsiktig vinst, men detta är i bästa fall en bedräglig sådan. Herren har aldrig någonsin använt fruktan för att välsigna sitt folk, för fruktan kommer aldrig från Gud. Sanningen var att Abrahams dåraktiga val som han gjorde utifrån fruktan, gjorde att egyptierna drabbades av mycket svåra plågor. Det var först då farao gav tillbaka Sara till Abraham igen, som plågan upphörde (1 Mos. 12:17-20). Vi måste lära oss att låta

Jesus själv vara vår försvarare, så att vi inte offrar anhöriga eller våra vänner för att skydda oss själva. Detta är ännu viktigare om Gud har kallat dig att vara en visionsbärare. Vi är kallade till att förlita oss på Herrens beskydd och inte försöka rädda oss själva genom lögner och halvsanningar. Det här var uppenbarligen en svår läxa för Abraham att lära sig.

Abraham upprepar sitt misstag

Många år senare upprepade Abraham än en gång detta misstag, när han sade till kung Abimelek att Sara var hans syster (1 Mos. 20:1-2). Även denne kung tog Sara till sig och förde henne in i sitt palats. Den här gången hjälpte Gud Abraham, genom att visa sig för Abimelek i en dröm. *"Men Gud kom till Abimelek i en dröm om natten och sade till honom: 'Du kommer att dö på grund av den kvinna du tagit, för hon är hustru till en annan man'. Men Abimelek hade inte rört henne och han svarade: 'Herre, ska du döda även rättfärdiga människor?"* (1 Mos. 20:3-4). När Abimelek berättade för alla sina tjänare vad som hänt blev de förskräckta och återlämnade genast Sara till Abraham igen (1 Mos. 20:5-16). Abimelek hade handlat i god tro mot Sara, men Abrahams lögn fick än en gång allvarliga konsekvenser. Alla kvinnor i kungens hus blev ofruktsamma på grund av detta. Abraham fick be till Gud för dem, så att de skulle få tillbaka fruktsamheten. När han bad för dem blev de helade så att de återigen kunde få barn. *"Och Abraham bad till Gud, och Gud botade Abimelek och hans hustru och hans slavinnor så att de kunde föda barn igen. Herren hade nämligen gjort alla kvinnor i Abimeleks hus ofruktsamma för Abrahams hustru Saras skull"* (1 Mos. 20:17-18). Detta är en märklig historia. Jag undrar hur Sara upplevde denna situation. Detta var andra gången hon hade blivit överlämnad till en hednisk kung och förd in i hans palats, enbart för att Abraham ville rädda sitt eget skinn. Hur som helst är det trösterikt att läsa om hur Herren grep in, först genom att ge kungen en dröm men även genom att bota de kvinnor som blivit ofruktsamma. Denna händelse visar oss med all tydlighet att vår Fader är en Gud som ger en både en andra och tredje chans.

Fullkomlig kärlek driver ut fruktan

Vår Fader har berett ett liv i frihet från människofruktan för oss. Att förbli i Faderns kärlek, hjälper oss att odla en livsstil av sann frimodighet och frihet. *"Det finns ingen rädsla i kärleken, utan den fullkomliga kärleken driver ut rädslan, för rädsla hör samman med straff. Den som är rädd är inte fullkomnad i kärleken. Vi älskar därför att han först har älskat os* (1 Joh. 4:18-19). Guds kärlek och fruktan kan aldrig existera tillsammans. När Faderns kärlek invaderar ett område i vårt hjärta, så kommer fruktan alltid att drivas ut från det området. När vi fortsätter växa i hans kärlek, kommer vi att befrias till att tjäna människor utan fruktan. Vi kommer att finna styrka i Faderns kärlek till att stå fast vid vår vision, även om vi tvingas gå igenom perioder av både ekonomiska prövningar och förkastelse. Hans kärlek frigör oss till att bli mer än övervinnare, genom honom som älskar oss.

Abraham återvänder till det förlovade landet

Vår Fader har alltid en plan redo för att återlösa och upprätta oss från alla våra misslyckanden och synder. I Abrahams fall innebar den planen att han återvände tillbaka till Kanaans land igen. Gud hade välsignat honom med stora rikedomar, och Abraham hade nu blivit en välbärgad man. *"Så bröt Abram upp från Egypten och begav sig till Negev med sin hustru och allt han ägde, och Lot var med honom. Abram var mycket rik på boskap och på silver och guld"* (1 Mos. 13:1-2). Tidigare hade Abraham lämnat det förlovade landet och rest till Egypten på grund av brist på försörjning. Detta val ledde honom ut ur Guds vilja, men Gud gav inte upp med Abraham. Gud upprättade och välsignade honom på just det område där han tidigare hade misslyckats. Det är värt att lägga märke till att Abraham återvände tillbaka till det förlovade landet tillsammans med Sara. Trots att hon nog blev sårad av Abrahams själviskhet, så var deras äktenskap nu helat och upprättat.

Nåden överflödar så mycket mer

Detta illustrerar en mycket viktig biblisk princip: *"Dessutom kom lagen in för att fallet skulle bli större. Men där synden blev större, där överflödade nåden ännu mer. Liksom synden regerade genom döden, så skulle också nåden regera genom rättfärdigheten och ge evigt liv genom Jesus Kristus, vår Herre"* (Rom. 5:20-21). På de områden i våra liv där vi har misslyckats och fallit i synd, vill vår Fader att hans nåd ska överflöda ännu mer, så att vi kan bli helt återupprättade igen. Kristi överflödande nåd förvandlar de områden av vårt liv som tidigare har präglats av vår trasighet och smärtor, till källor där läkedom och välsignelse flödar fram.

Abraham återvände till platsen där han tidigare hade tillbett och upplevt välsignelse för att få en förnyad uppenbarelse av Herren. *"Han färdades från lägerplats till lägerplats, från Negev ända till Betel, platsen där hans tält hade stått förut mellan Betel och Ai och där han förra gången hade rest ett altare. Där åkallade Abram Herrens namn"* (1 Mos. 13:3-4). I detta ser vi ännu en kraftfull princip i Guds rike, som vi mår väl av att bära med oss: *Där synden och dess skada har varit stor, där överflödar Guds nåd ännu mer.* Jesus har alltid en plan redo för att upprätta oss när vi syndar och misslyckas, men han vill också upprätta våra liv, om vi har drabbats av andras synder och misslyckanden. Det är befriande att veta att vår Far tog med vår dumhetsfaktor i beräkningen när han frälste oss!

Fruktan förblindar oss för Guds verklighet

Vi har redan sett hur fruktan var roten till de flesta av Abrahams felaktiga val. Eftersom Abraham hade blivit kallad av Gud till att bli en trons fader, försökte Satan bygga in fästen av fruktan i hans liv. Men Abraham hittade ett sätt att övervinna fruktan och växa i tro på Gud. Djävulens plan för oss är alltid det rakt motsatta till Guds planer för våra liv. Som exempel kan nämnas att jag känner ett antal människor som har blivit kallade till helande tjänst. De flesta av dem har tvingats kämpa, både länge och hårt mot olika slags sjukdom. Andra har fått en kallelse till att undervisa Kristi kropp om ekonomiskt överflöd och förvaltarskap. De flesta med en sådan kallelse har själva blivit lösta från ett liv i fattigdom och skuld. Nåden lyser alltid klarast i ett upprättat liv!

Att fångas av allmänhetens uppfattning

Som Guds barn har vi kallats till att bryta oss ut ur religiösa boxar och inta nya områden för Guds rike. Detta kan emellanåt vara en smal väg där vi får möta förkastelse, kritik och missförstånd. Alla har ett naturligt behov av att bli bekräftade och älskade. Därför kommer vi ibland bli frestade att bli mer politiskt korrekta, bara för att få detta godkännande från den religiösa världen. Då kan man lätt fastna i fällan att styras av allmänhetens uppfattningar. Detta kan vara den största utmaningen för oss att övervinna. Att försöka leva upp till det som är politiskt korrekt, genom att skapa en bild av sig själv som en stark ledare eller mer framgångsrik än vi egentligen är, blir en mycket tung börda för oss att bära på. En tragisk följd av att leva på det sättet, blir att vi aldrig kommer att bli älskade som dem vi är. Vi blir då i stället bara bekräftade som den person vi låtsas vara. Om detta blir vår identitet, kommer vi bara att bli sedda genom vår offentliga image. Det gör att vi blir väldigt ensamma som kristna, och ensamhetens smärta har blivit nästan som en själslig pandemi hos ledare och pastorer. En stor anledning till detta är att religionen ofta uppmuntrar sina ledare att vara politiskt korrekta och balanserade.

När allmänhetens uppfattning blir mer viktig för oss än att vara dem vi verkligen är, så blir våra liv mycket ytliga. Det är omöjligt att bygga några djupare relationer på den vägen, eftersom detta skulle innebära att folk får se vilka vi verkligen är. Vi har redan sett att vår Fader är en relationell Gud, som vill ha tillträde till våra hjärtan. När Bibeln talar om hjärtat, så är det en beskrivning av kärnan i vår personlighet, vårt verkliga jag. Detta är den enda version av oss som Gud är intresserad av. Han kan inte älska och välsigna vårt offentliga jag, för det är inte verkligt. Han kan bara möta oss där vi är och arbeta med vår sanna personlighet. Det är djävulen som är intresserad av att framstå som bättre än vad han i verkligheten är. Eftersom Satan beskrivs som den här världens gud, är det inte någon överraskning att världen återspeglar både hans natur och värderingar (2 Kor. 4:4). De goda nyheterna är att vår Fader redan vet allt om våra liv, inklusive våra svagheter och misslyckanden, men att han älskar oss ändå.

Äkthet och frihet

Kraftfulla ting sker i vårt hjärta när vi vågar vara sårbara och äkta gentemot varandra. Vi kan beundra någon som vi uppfattar som den perfekta och osårbara troende, men vi kan aldrig relatera till en sådan person. Om vi är ärliga mot oss själva, så vet vi alltför väl att vi inte är så häftiga som folk ibland vill tro. Därför kan vi ju relatera till de personer som kämpar med sina smärtor och sår, eftersom vi också gör det. Att bygga en vision med Jesus kommer ibland leda till att vi framstår som dåraktiga och obalanserade i världens ögon. Att bygga något nytt i Guds rike, kan vara nog så besvärligt ibland. Därför måste vi lära oss att värdera äkthet och frihet.

Aposteln Paulus är ett bra exempel på detta. Vi har ju redan sett hur han öppet delade sina utmaningar och svagheter, i sitt andra brev till korintierna. I denna vers förklarar han varför han gjorde detta: *"Om jag ville berömma mig vore jag ändå ingen dåre, jag skulle bara säga sanningen. Men jag avstår, för att ingen ska tänka högre om mig än man gör när man ser eller hör mig"* (2 Kor. 12:6). Paulus hade upplevt en mängd genombrott, och hade kunnat ge massor med vittnesbörd som skulle ha byggt upp hans rykte och tjänst. Detta hade fått Paulus att framstå som bättre och mer respektabel i den religiösa världen. Tänk bara på alla de fantastiska segrar Paulus hade kunnat visa upp för världen, om han bara hade haft tillgång till sociala medier. Men Paulus hade aldrig något intresse av att göra detta. I stället var han mycket mån om att ingen skulle tänka högre tankar om honom än de gjorde när de träffade honom. När människor kom i kontakt med Paulus, mötte de en vanlig person. Sanning och äkthet kommer alltid att vara vägen till sann frihet i vårt liv och tjänst.

Vi har skatten i lerkärl

I samma brev till korinthierna, ger Paulus en talande bild av hur han kunde leva i spänningsfältet mellan Guds kraft, och sin egen mänskliga svaghet. Han upplevde Guds kraft och vandrade i sitt barnaskap till Gud, i högre grad än de flesta. Ändå var han alltid medveten om sina mänskliga svagheter. Så här beskriver han hur denna balans mellan kraft och svaghet såg ut: *"Men denna skatt har vi i lerkärl, för att den väldiga kraften ska vara Guds och inte komma från oss"* (2 Kor. 4:7). Våra liv med Gud är ofta en blandning av tragedi och triumf, glädje och smärta, helande och brustenhet. Det är viktigt att vår relation med Gud, liksom våra meningsfulla relationer med våra vänner, har utrymme för den smärta och det misslyckande som ingår i att vara människa. Jesus är intresserad av hela vårt liv, och det är när vi låter honom dela all vår smärta och sorg, som vi kan finna läkedom och tröst.

Det är lätt att dela våra andliga segrar med varandra, men vi kan aldrig bygga några djupare relationer, om vi inte vågar dela våra svagheter och vår brustenhet. Om våra vänner aldrig får chansen att se oss när vi är som mest utsatta och ändå älska oss, så vet vi egentligen inte hur starka våra relationer är. Jag har många fina relationer med vänner som har sett mina sämsta sidor och älskar mig ändå. Jag syftar först och främst på min familj, men också de mentorer och vänner jag har blivit välsignad med. Jag har aldrig varit rädd för att bli lämnad ensam om jag skulle misslyckas eller falla i synd, för jag vet att mina relationer går mycket djupare än så. Detta är en stor trygghet och välsignelse för mig.

Att förbli i Faderns kärlek gör oss fria

Den enda vägen till att våga leva i sann sårbarhet och äkthet är att förbli i Faderns kärlek. När vi lär oss hur vi lever rotade och grundade i Herrens bekräftelse och favör, så kommer vi att finna vårt värde i Kristus. Detta kommer att befria oss från behovet att framstå bättre än vi i verkligheten är. Att kämpa med svagheter betyder ju inte att vi är dåliga troende. Det betyder bara att vi är människor, och när vi blivit lösta från fruktan för förkastelse, kan vi bli mer öppna med våra smärtor. Då kan våra sår bli en källa till helande och välsignelse för andra människor. Vår brustenhet kan förvandlas till en källa, som förmedlar läkedom och hopp till andra när vi ger vår smärta till Jesus.

Identifikation och medlidande

Vi är kungliga och välsignade barn som tillhör vår Faders familj, och vi har blivit kallade att visa medlidande med våra bröder och systrar i Herren. *"Gläd er med dem som är glada, gråt med dem som gråter"* (Rom. 12:15). Denna typ av identifikation går djupare än vanligt mänskligt medlidande. Vi tillhör nu Guds familj och har blivit ett med Kristus. Jesus är vårt huvud och vi har blivit hans kropp. Vi lever därför i förening, både med Kristus och med alla våra syskon i Herren. Deras genombrott och framgång blir också våra segrar, precis som vi delar deras smärta och misslyckanden.

"Om en kroppsdel lider, så lider alla de andra delarna med den. Och om en kroppsdel blir ärad, gläder sig alla de andra delarna med den. Ni är alltså Kristi kropp och var för sig delar av den" (1 Kor. 12:26-27).

I takt med att vi lär känna Guds hjärta, kommer vi också att växa i medlidande med hela Kristi kropp. Om vi vill förmedla helande till andra, så behöver vi vara barmhärtiga människor som älskar nåd och förlåtelse. Andlig mognad är inte detsamma som att vi aldrig misslyckas, eller att vi får leva livet utan smärta. Men det innebär att vi lär oss hantera personliga svagheter och synder, i gemenskap med Fadern. Då kan han använda vår brustenhet till att forma oss till Kristi avbild. *"Vi vet att allt samverkar till det bästa för dem som älskar Gud, som är kallade efter hans beslut"* (Rom. 8:28). Eftersom detta innebär att vi måste ge upp kontrollen över våra liv i förtröstan på Jesus, så krävs det att vi lever i ödmjukhet och brustenhet inför Herren. Det sätter oss fria till att både jubla och att gråta tillsammans med andra människor. Vi kommer då att kunna fira våra vänners alla framgångar och genombrott, men vi kommer även att sörja med dem när de upplever tider av smärta.

Jesus bär fortfarande sina sår

"Sedan sade han till Tomas: 'Kom med ditt finger och se mina händer, kom med din hand och stick den i min sida. Och tvivla inte, utan tro'! Tomas svarade honom: "Min Herre och min Gud!" (Joh. 20:27-28). Jesus är vår uppståndne Frälsare och Herre, men för mig känns det otroligt trösterikt att veta att han fortfarande bär på sina sår. När vi möter Jesus, kommer vi fortfarande att kunna se dessa sår. Idag vittnar hans sår om hans seger, och det är genom Jesu sår vi har blivit helade (1 Petr. 2:24-25). När vi lär oss mer om hur vi kan leva transparent med vår smärta, blir våra sår ett vittnesbörd om de segrar Fadern har gett oss. Läkedom kommer att flöda till andra människor, från de områden där vi har blivit mest sårade. Där synden överflödar, flödar hans nåd över ännu mycket mer. Guds nåd är hans aktiva kraft i våra liv och på det område där vi har sårats av synden eller dess konsekvenser, kommer vi också se de mäktigaste uttryck för hans nåd till upprättelse. När Fadern upprättar så gör han det alltid i överflöd. Han kommer inte tillåta att Satan får det sista ordet på något område i våra liv. När vi vill

samarbeta med Guds nåd genom att ge honom tillåtelse att verka i våra liv, så blir vi ett pågående mirakel där Jesus blir synlig.

Abraham övervann sina misslyckanden

Abraham är ett kraftfullt exempel för oss att följa, när vi kliver in i vår kallelse. Han tillät aldrig sina misstag att definiera vem han var, och inte heller kunde de hindra honom från att gå vidare in i visionen från Gud. Detta är anledningen till att Abraham blev en troshjälte för oss. Ibland kommer vi alla att misslyckas, och vi kanske tvingas kämpa en lång kamp med vår svaghet. En del av våra svagheter får vi kanske brottas med under resten av vårt liv, men denna kamp ska aldrig få stoppa oss. Alla våra synder och misslyckanden har blivit försonade i Kristus, och han har gjort allting nytt för oss. När vi ger våra synder och svagheter till vår Fader, kommer han använda dem för att forma oss till sin Kristi avbild. Vår historia kommer att bli ett vittnesbörd om Guds nåd.

Aktiveringsövningar

- Abraham kämpade med fruktan under stora delar av sitt liv, vilket stundtals fick honom att fatta korkade beslut. Kan du se några svagheter i ditt liv, som återkommer på ett liknande sätt? Hur kan dessa svagheter förvandlas till ingångar för Guds nåd och kraft i ditt liv? Avsätt lite tid till att ta upp detta med den helige Ande. Skriv ner varje ny strategi och lärdom som du tar emot.

- Ta tid att reflektera över hur Guds nåd kan återlösa din smärta, dina misstag och svagheter, så att de kan bli till ingångar för Kristi kraft i ditt liv. Läs dessa skriftställen tillsammans med den helige Ande:

  1. Rom. 5:20-21
  2. 2 Kor. 12:1-10
  3. 2 Kor. 4:7-12

  Reflektera över dessa verser i bön tillsammans med den helige Ande. Skriv ner varje insikt och uppenbarelse som du får ta emot.

- I detta kapitel lärde vi oss denna kraftfulla princip, som är viktig i Guds rike: *Där synden var stor, överflödade Guds nåd ännu mycket mer!* Ta 20-30 minuter i bön till din Fader om att nåden skall överflöda på dessa tre områden:

  1. *Dina sår.*
  2. *Dina svagheter och synder.*
  3. *Dina misstag och misslyckanden.*

  Fadern vill återlösa dina områden av smärta, och forma dem till områden av helande och upprättelse. Be honom ge dig en vacker krona i stället för aska.

- Be Fadern ta dig på en resa till att bli mer äkta och sann inför Gud. Be honom att göra dig ännu mer trygg i hans kärlek, så att du kan leva ett autentiskt liv i allt du gör.

KAPITEL 12: ETT GENERÖST HJÄRTA

Abraham and Sara reste inte ensamma. I själva verket hade de med sig ett stort resesällskap med människor och djur. En av de som följde med på resan, var Abrahams egen brorson Lot. *"Han tog med sig sin hustru Saraj och sin brorson Lot, alla ägodelar och allt det folk de skaffat sig i Harran och gav sig av mot Kanaans land"* (1 Mos. 12:5). När de äntligen kom fram till Kanaans land uppstod vissa svårigheter, trots att de hade levt i frid fram till dess. Dessa utmaningar gjorde att en av Abrahams allra viktigaste relationer blev ansträngd och hotades att helt förstöras.

Utmaningar kommer alltid möta oss när vi kommer till det land Gud lovat oss. Strider måste utkämpas för att inta det förlovade landet, och ännu fler strider måste vinnas när vi skall befästa och förvalta den mark vi har intagit. Abraham blev påmind om detta vid åtskilliga tillfällen. Ibland utkämpade han sina strider på ett föredömligt sätt och ibland misslyckades han. Detta ger hopp till oss eftersom detta visar oss att Abraham var en vanlig människa, precis som vi. När vi går med Herren kommer vi att gå framåt i seger, men ibland innebär det att vår väg framåt går från det ena misslyckandet till det andra. Det viktiga är att vi fortsätter framåt ett steg i taget tills vi når målet. I detta kapitel ska vi fokusera på en speciell utmaning som dök upp, och som Abraham hanterade på ett sätt som ger ett mycket gott exempel för oss.

En livsstil av tillbedjan förvaltar Guds välsignelser

Abraham var en välsignad man som vandrade i Guds favör. En frukt av denna välsignelse var att han nu hade blivit mycket rik. Abraham var också en tillbedjare som älskade Gud med hela sitt hjärta. Därför byggde han altare och tillbad överallt.

"Abram var mycket rik på boskap och på silver och guld. Han färdades från lägerplats till lägerplats, från Negev ända till Betel, platsen där

hans tält hade stått förut mellan Betel och Ai och där han förra gången hade rest ett altare. Där åkallade Abram Herrens namn" (1 Mos. 13:2-4).

Att älska Gud och leva en livsstil av tillbedjan leder till framgång. Vår himmelske Fader har aldrig haft några problem med att vi har mycket pengar. Han vill ge oss ett välsignat liv, men han vill inte att pengarna skall äga oss. Problemet är inte rikedomen, men det handlar alltid om var vi har vårt hjärta. Om vi har ett generöst hjärta, blir rikedomen till en välsignelse. Men om våra hjärtan är giriga blir pengar och rikedomar alltid till en avgud. Vi behöver odla en livsstil av tillbedjan och intimitet med Jesus. Det kommer att hjälpa oss att bli goda förvaltare av Guds välsignelser.

Utmaningen med konflikt och tävlande

Abrahams brorson Lot hade också blivit välsignad med rikedom, genom att han reste med Abraham. Om vi tillbringar tid med de människor som lever i välsignelse och Herrens favör, så kommer denna favör att komma över oss också. Detta är en av de sätt som vi får tag på mer välsignelse från Gud. Denna princip fungerade på ett lysande sätt för Lot, men välsignelsen de fick skapade även vissa utmaningar. Alla välsignelser vi får och de segrar vi vinner, kommer även att ge oss fler utmaningar att hantera. Löfteslandet var inte längre stort nog för både Abrahams och Lots hjordar och herdar. Det bristande utrymmet orsakade flera svåra konflikter mellan Abrahams herdar, och de herdar som då jobbade för Lot. Denna brist på utrymme gjorde att det blev spänt mellan dessa båda läger. Bibeln beskriver denna situation med följande ord:

"Lot, som följde med Abram, hade också får och kor och tält, och landet kunde inte livnära dem där de bodde i samma område. De hade så mycket boskap att de inte kunde bo tillsammans, och det uppstod tvister mellan Abrams och Lots herdar. Dessutom bodde kananeerna och perisseerna i landet vid den tiden" (I Mos. 13:5-7).

När två välsignade män med stora drömmar och visioner tvingas dela på ett begränsat område, så kommer de växande resultaten och välsignelsen förr eller senare att skapa problem. Det blev nu tydligt att både Abraham och Lot behövde utvidga sina områden på grund av att Gud hade välsignat dem så rikligt. Detta prövade verkligen deras hjärtan.

Att veta vem vi ska ta med oss

Denna konflikt utbröt som en direkt konsekvens av att Abraham inte brydde sig om Guds vägledning. *"Herren sade till Abram: "Gå ut från ditt land och din släkt och din fars hus och bege dig till det land som jag ska visa dig"* (1 Mos. 12:1). Abraham hade tagit emot klara instruktioner från Herren om att han skulle lämna sina släktingar bakom sig. Därför verkar det som om han gjorde ett misstag att ta Lot med sig. När vi intar vårt löftesland och tar steg in i Guds planer för våra liv, behöver vi vishet att välja rätt personer, att ta med oss in i vår tjänst och kallelse. De som vill vara med oss i utförandet av den vision som vi har fått, behöver vara kallade av Herren. Annars uppstår det alltid jobbiga konflikter och onödiga motsättningar. Få saker kan såra och ödelägga vårt hjärta i så hög grad, som denna sorts konflikter och motsättningar. Vi måste be Gud om urskiljning och visdom till att välja rätt personer att vara med i vårt team. Abraham hanterade denna svåra situation med en vishet och generositet som uppenbarade Faderns hjärta.

Att hålla Guds löften med öppna händer

Abraham kunde ha kämpat för sitt land, genom att påminna Lot om att Gud hade gett det till honom som en arvedel. Detta hade varit en helt förståelig reaktion, men det skulle också ha förvärrat deras konflikt och ödelagt Abrahams relation med Lot. En av de långsiktiga konsekvenserna för Abraham, hade blivit att en dörr för krafter av splittring och konflikt och skulle ha öppnats på vid gavel. Om vi öppnar dörren för dessa krafter, så kommer det att sluta med att vi måste strida i egen kraft för att få vår rätt. Jag har genom åren observerat hur ett antal tjänster har brutits ned och förstörts, genom att man hade öppnat för dessa krafter. Eftersom tro är att lita på Gud, så är konflikter och splittringar som uppstår av att man vill beskydda sin egen tjänst själva motsatsen till tro. Abraham valde dock den ödmjuka vägen med Herren genom att han visade stor generositet i stället. Tron håller alltid Guds favör och löften med öppna händer.

"Då sade Abram till Lot: 'Inte ska det vara någon tvist mellan mig och dig eller mellan mina herdar och dina. Vi är ju bröder. Ligger inte hela landet öppet för dig? Skilj dig från mig. Vill du åt vänster så går jag åt höger, och vill du åt höger så går jag åt vänster" (1 Mos. 13:8-9).

Abraham ville inte strida för sin egen rätt, och inte heller var han intresserad av att försöka fullgöra Herrens löften i sin egen kraft. Därför gav han Lot möjlighet att välja den del av landet som han helst ville ha. Abraham försökte inte kontrollera Guds plan. Han visste nämligen att Herren hade en plan redo, som skulle leda till att allt samverkade till det bästa (Rom. 8:28).

Det Gud ger till oss av nåd, kommer alltid att vara beskyddat av hans favör

Vi kan lära oss en hel del från hur Abraham löste denna konflikt. Vi behöver aldrig någonsin kämpa i vår egen kraft för att fullfölja Guds plan, och inte heller behöver vi slåss för våra rättigheter i Guds rike. När vi låter Herren strida för oss, medan vi samtidigt lever i generositet gentemot andra troende, så kommer vi alltid att få en ännu större skörd av välsignelse. Vi får alltid skörda det vi sår, men skörden kommer alltid att vara större än sådden.

"Bedra inte er själva, Gud lurar man inte: det människan sår ska hon också skörda. Den som sår i sitt kött får av köttet skörda undergång, men den som sår i Anden får av Anden skörda evigt liv" (Gal. 6:7-8).

Därför bör vi ta varje tillfälle att så vänlighet, barmhärtighet och generositet. Lagen om sådd och skörd kommer då att verka för oss, så att Kristi liv kan flöda genom oss på ett ännu rikare sätt.

Jag har sett många härliga troende tappa sin tjänst och begränsas i sin kallelse, just på grund av deras egen strävan och ambitioner. Egen strävan har alltid sin rot i fruktan och stolthet. Att leva av egen kraft kommer att leda oss till kompromiss. Om vi försöker ta kontroll över Faderns planer och syften, mister vi integriteten i vår kallelse. Det bör inte finnas utrymme för vare sig splittring, kyrkopolitik eller själviska ambitioner i vårt hjärta. Vi behöver i stället ödmjuka oss inför Herren, och vänta på att han öppnar de rätta dörrarna för oss. Han gör det i rätt tid, och på det sätt han vill. Vi bör ofta påminna oss om följande princip: *Vad Gud har gett av nåd, kommer alltid vara beskyddat av hans favör!* Det finns ingen anledning för oss att bli rädda att förlora det Fadern har gett till oss. Han kommer alltid att ta striden för oss när vi väljer att leva i förtröstan på honom.

Lära sig att förlora på rätt sätt

Lot gjorde ett ganska förutsägbart val. Han valde den bästa delen av landet där de rikaste naturresurserna fanns. I själva verket var det ett så rikt land att det liknade Herrens lustgård (1 Mos. 13:10) *"Lot lyfte blicken och såg hela Jordanslätten, som överallt var rik på vatten. Innan Herren ödelade Sodom och Gomorra var den nämligen som en Herrens lustgård, som Egyptens land, ända till Soar"* (1 Mos. 13:10-11). Lots själviska val kunde ju ha retat upp Abraham rejält, men det gjorde de inte. Det var mycket generöst av Abraham att ge Lot tillfälle att välja den bästa delen av landet först, något som Lot utnyttjade fullt ut. Abraham stod vid sitt ord och bosatte sig i Kanaans land (1 Mos. 13:12). Detta visar oss att Abraham hade lärt sig ytterligare en viktig princip i Guds rike: *Vi kommer alltid att vinna med Jesus, om vi lär oss förlora på ett bra sätt.*

Vi behöver också lära oss hur vi gör för att förlora på ett bra sätt. När vi ger upp våra egna rättigheter och anspråk, kommer Jesus att strida för oss och se till att hans löften kommer oss till del. Om vi skulle förlora i det naturliga, kommer Gud ändå att verka för oss för att fullborda sina planer och syften för våra liv. Om vi har blivit utnyttjade eller överkörda, men ändå klarar av att reagera med generositet och nåd, så återspeglar vi Jesu natur. Att vandra i ödmjukhet och generositet är långt viktigare än att sträva efter att vinna i det naturliga. Gud står alltid emot den högmodige, men han ger nåd åt de ödmjuka (Jak. 4:6).

Själviska ambitioner blir en snara

Vi såg förut att när vi följer våra själviska motiv, så kommer det att ge en destruktiv skörd av korruption och död. I Lots fall blev det verkligen så. Trots att den del av landet som han valde åt sig själv var vacker och rik, så var de som bodde där ogudaktiga och onda. I själva verket var det så att Lot flyttade till den allra värsta tänkbara platsen, när han valde att bo nära Sodom. Att han sedan valde att flytta in i denna ogudaktiga stad, gjorde att situationen blev än värre för Lot och hans familj. *"Abram bodde kvar i Kanaans land, och Lot bodde i städerna på slätten och drog med sina tält ända bort mot Sodom. Men Sodoms män var onda och stora syndare inför Herren"* (1 Mos. 13:12-13).

Lite tidigare i detta kapitel har vi sett hur gudomlig välsignelse förmedlas, genom att vi kopplar ihop med människor som lever i Guds välsignelse. Demoniskt inflytande förmedlas på liknande sätt. Ibland underskattar vi nog det inflytande som de människor vi tillbringar tid med, ofta har över våra liv. I Lots fall ledde hans oförsiktighet till att han valde att leva mitt ibland människor som utövade ett mycket dåligt inflytande över honom hans familj. Lot tvingades sedan leva med konsekvenserna av sina dåraktiga val resten av livet. Bland dessa tragiska konsekvenser, ingick att han förlorade sin fru, och att hans familj bröts ned av den omoral som rådde i Sodom (1 Mos. 19:14-38).

Gud uppmuntrade Abraham genom att upprepa sina löften

Abraham gav upp sin rätt till de bästa delarna av landet, för att rädda sin relation med Lot. I det naturliga såg det ut som att han missade Guds löften och välsignelser genom att han gjorde detta generösa val. Därför är det häftigt att läsa om hur Gud ännu en gång uppenbarade sig för Abraham, direkt efter att han och Lot hade gjort denna överenskommelse och skilts åt. Herren talade många uppmuntrande ord till Abraham, där han bekräftade sina löften till honom:

"Herren sade till Abram efter att Lot hade skilt sig från honom: "Lyft din blick och se dig omkring från den plats där du står, mot norr och söder, öster och väster. Hela det land som du ser ska jag ge åt dig och dina efterkommande för evig tid" (1 Mos. 13:14-15).

Det finns en otrolig styrka i att äga en andlig vision. Herren visste att Abraham behövde påminnas om sin kallelse. Därför gav Gud en ny bild till Abraham, genom att visa hur han skulle välsigna Abrahams avkomlingar till att förökas som stoftet på jorden. Han hade ju lovat att Abraham skulle bli en far till många folk, och att han skulle bära riklig frukt.

"Jag ska låta dem bli som stoftet på jorden. Om någon kan räkna stoftet på jorden ska också dina efterkommande kunna räknas. Bryt upp och vandra omkring i landet i hela dess längd och bredd, för jag ska ge det åt dig" (1 Mos. 13:16-17).

Detta löfte gav både styrka och mod till Abraham! Vår Fader vill alltid trösta och uppmuntra oss, när vi utkämpar andliga strider och tvingas hantera livets utmaningar. När vi bygger en vision och förvaltar en kallelse från Gud, kommer vi att möta tuffa tider. Då behöver vi återigen lära oss att förlora väl, om vi vill överleva och växa i vår vandring med Kristus. När detta sker är det viktigt att veta hur vi tar emot uppmuntran och tröst från Gud. Vi är en ande med Kristus, och vi kan därför dricka från hans kärlek hela tiden. Jesus är den bästa uppmuntrare och stödjare som finns och att uppmuntra oss är en viktig del av den tjänst Jesus utför idag. När vi tillåter honom betjäna oss, blir vi uppbyggda och kan inta nya områden för Guds rike.

Abraham räddar Lot

En tid efter att Lot hade flyttat till Sodom bröt ett krig ut. Sodom blev intaget och plundrat, och Lot var en av dem som blev tagen som krigsfånge. Dessa fientliga härar tog både hans familj, land och alla hans ägodelar. När Abraham fick reda på att Lot hade blivit tillfångatagen, så samlade han sin egen armé för att rädda sin brorson. Han lyckades med detta, men han räddade faktiskt inte bara Lots familj, utan även alla hans ägodelar och rikedomar (1 Mos. 14:1-17). Detta visar oss något viktigt om Abrahams inre liv, för vi ser att han inte bar på vare sig besvikelse eller bitterhet mot Lot. Abraham ville av hela sitt hjärta att det skulle gå väl för Lot, och att han skulle vara välsignad!

En stor del i att veta hur man förlorar på rätt sätt, finns i att vi lär oss att bevara våra hjärtan i renhet. Vi behöver därför lära oss att leva i barmhärtighet och aktivt be för de människor som utnyttjat oss. Herren vill att vi ska finna vägar till att stötta och be för dem. Detta är Kristuslikhet i aktion!

Abraham möter Melkisedek

Efter att Abraham återvände från slagfältet, så mötte han en man vid namn Melkisedek. Denne spännande man hade med sig bröd och vin till Abraham. Melkisedek var kung i Salem, men han var också präst åt Gud.

"Och Melkisedek, kungen i Salem, lät bära ut bröd och vin. Han var präst åt Gud den Högste, och han välsignade Abram och sade: Välsignad vare Abram av Gud den Högste, skapare av himmel och jord!

Och välsignad vare Gud den Högste, som gett dina fiender i din hand!" (1 Mos. 14:18-20).

Det framgår tydligt att Melkisedek är en bild på Jesus Kristus, eller möjligen till och med Jesus själv. Många tror att detta var ett av de tillfällen, då Kristus uppenbarade sig i Gamla Testamentet. Eftersom jag skrev ett helt kapitel om Melkisedek i min tidigare bok, så vill jag bara nämna helt kort om hans möte med Abraham (Läs mer i min bok *Jesu Kristi brinnande kärlek).* Vare sig vi tror att Melkisedek är Jesus, som uppenbarade sig i Gamla testamentet eller inte, så kan vi säkert alla vara överens om att Melkisedek är en av de allra tydligaste bilderna på Jesus i Gamla testamentet. Melkisedek är en profetisk bild på Jesus på följande sätt:

- *Han är präst, kung och profet (Hebr. 7:1).*
- *Han är rättfärdighetens och fridens kung (Hebr. 7:2).*
- *Han välsignade den som Gud utvalt och firade sin seger med att servera Abraham bröd och vin (1 Mos. 14:18).*
- *Hans liv har ingen början eller slut (Hebr. 7:3).*
- *Han förblir präst för evigt (Hebr.7:3).*
- *Han är ingen ättling till Levi, men han blev präst utifrån ett oförgängligt liv (Hebr. 7:6, 16-17).*
- *Han är större än Abraham (Hebr. 7:6-7).*

Likheterna mellan Jesus och Melkisedek är alltför många för att bara kunna avfärdas som tillfälligheter. Han gjorde ett mycket starkt intryck på Abraham, som gav honom tionde av allt som han återtagit i kriget. *"Och Abram gav honom tionde av allt"* (1 Mos. 14:18-20).

Abraham Sodoms kung

Direkt efter Abrahams möte med Melkisedek, kom även Sodoms kung för att gratulera Abraham. Kungen gav honom ett generöst erbjudande. *"Sodoms kung sade till Abram: 'Ge mig folket. Bytet kan du ta själv"* (1 Mos. 14:21). Detta var ett sätt för Sodoms kung att visa sin tacksamhet. Abraham hade räddat de flesta av Sodoms invånare, som tagits till fånga under kriget. Han hade på så sätt räddat Sodoms kung från en svår knipa och gjort honom en stor tjänst. Men Abraham gav ett tydligt och klart svar till kungen av Sodom, gällande detta erbjudande.

"Men Abram svarade Sodoms kung: 'Jag lyfter min hand till Herren, till Gud den Högste, skapare av himmel och jord: Jag vill inte ta ens en tråd eller en sandalrem eller något annat av det som är ditt. Du ska inte kunna säga: Jag har gjort Abram rik" (1 Mos. 14:22-23).

Anledningen till att Abraham reagerade på det sättet var att han kände till principen om andlig överföring. Kungen i Sodom var en ogudaktig person som regerade en ogudaktig stad. Därför var det viktigt för Abraham att inte bli influerad av honom. Detta var ett helt annat sätt att prioritera, jämfört med hur Lot tänkte. Lot var mest intresserad av rikedomen i landet, så till den grad att han faktiskt struntade i att miljön i Sodom sakta korrumperade hans hjärta. Abraham var däremot mer intresserad av att bevara sitt hjärta rent, än att få leva i materiellt välstånd och få världslig rikedom. Därför ville han inte ta emot kungens mycket generösa erbjudande. Varje gång jag läser om denna situation, får den mig att tänka på följande saligprisning: *"Saliga är de renhjärtade, för de ska se Gud"* (Matt. 5:8). Att leva i en kontinuerlig uppenbarelse av Faderns hjärta är mycket dyrbarare, än allt vad denna värld kan erbjuda av rikedom och välstånd!

Vi kan lära oss en hel del av hur Abraham här hanterade det här erbjudandet från Sodoms kung. En sådan lärdom är denna enkla, men ändå så viktiga princip i Guds rike. *Andliga överföringar sker genom de människor vi väljer att relatera till.* De människor som vi samarbetar med, kommer alltid att förlösa det de bär i sitt hjärta in i våra liv. Det är viktigt att vår inre krets, präglas av Kristi liv och Faderns kärlek. Rikedom, inflytande i den religiösa världen och andra kortsiktiga fördelar, är helt oviktiga i jämförelse med ett rent hjärta och integritet. Vår Fader har lovat att förse oss med allt vi behöver, och vi måste lita på att han kommer att göra det.

Aktiveringsövningar

* I detta kapitel har vi studerat hur Abrahams generositet, prestigelöshet och vänlighet gentemot Lot, förlöste en än större välsignelse. Läs igenom hela denna historia under bön tillsammans med Jesus. Du finner den i 1 Mos. 13:1-14:17. Vilka ytterligare lärdomar kan du dra från denna historia? Hur befrämjas ditt liv med Jesus, av att du lever ett generöst liv? Be Jesus att om än mer uppenbarelse om välsignelsen som finns i en generös livsstil. Skriv ned de insikter du får tag på.

* Ta dig tid att reflektera över de tre principer i Guds rike, som vi har studerat tidigare i detta kapitel. Bjud in den helige Ande att tala till dig genom dem:

  1. *Vi kommer alltid att vinna med Jesus, om vi lär oss förlora på ett bra sätt.*
  2. *Vad Gud har gett av nåd, kommer alltid vara beskyddat av hans favör!*
  3. *Andliga överföringar sker genom de människor vi väljer att relatera till.*

  Hur kan dessa principer vara till nytta för ditt liv och din tjänst? Har du tillämpat dem i ditt liv? Be över den och skriv ner varje uppenbarelse eller lärdom du får del av.

* Ta 20-30 minuter i bön. Be din himmelske Fader uppfylla dig med en generös ande och en smörjelse av givande. Omvänd dig från all av strävan och konkurrens som kan finnas i ditt liv. Be Fadern rena dig från allt sådant.

* Ta tid i förbön för Kristi kropp. Be Fadern fylla oss med generositet, och att han befriar oss från all egen strävan och konkurrens.

KAPITEL 13: HERRENS FÖRBUNDSPARTNER

Vi har redan tidigare i den här boken lyft fram de löften som Gud gav till Abraham, angående alla välsignelser som skulle komma över hans avkomlingar. Dessa löften var helt villkorslösa, enbart baserade på Herrens godhet och nåd. Dessa löften är grunden för Guds förbund med Abraham, som vi ska studera i detta kapitel. Detta är vad Gud lovade Abraham:

"Gå ut från ditt land och din släkt och din fars hus och bege dig till det land som jag ska visa dig. Där ska jag göra dig till ett stort folk. Jag ska välsigna dig och göra ditt namn stort, och du ska bli en välsignelse. Jag ska välsigna dem som välsignar dig och förbanna den som förbannar dig. I dig ska jordens alla släkten bli välsignade" (1 Mos. 12:1-3).

En väldigt viktig punkt i Abrahams vandring med Gud, var när Herren bekräftade sina löften till honom, genom att välja att ingå ett förbund med honom. Jesus är den slutgiltiga uppfyllelsen av Guds förbund med Abraham. Genom Kristus har vi nu blivit de rättmätiga arvingarna till alla de välsignelser och löften som gavs till Abraham. Därför är det viktigt för oss att få en djupare insikt i Guds förbund med Abraham.

Herren uppenbarade sig för Abraham i en vision för att försäkra honom om att det inte fanns någon anledning till fruktan. Herren lovade att vara Abrahams sköld och beskydd, som skulle belöna honom rikligt. Vår Herre älskar att belöna sitt folk: *"Därefter kom Herrens ord till Abram i en syn. Han sade: 'Var inte rädd, Abram. Jag är din sköld. Din lön ska bli mycket stor"* (1 Mos. 15:1). Abraham brottades med ett antal frågor angående hur detta skulle kunna ske, eftersom han saknade arvinge. Han delade sin oro med Gud, som då försäkrade Abraham att han skulle bli välsignad med en son. Gud lovade ge Kanaans land till Abrahams ättlingar som ett arv. Hans ättlingar skulle bli mer talrika än alla stjärnorna i skyn och Abraham skulle bli fruktsam och föröka sig (1 Mos. 15:2-7).

Att handskas med tvivel och frågor

Trots att Abraham hade tagit emot dessa stora löften från Herren, hade han fortfarande svårt att tro på Gud. Abraham ifrågasatte fortfarande om Gud kunde hålla sina löften (1 Mos. 15:8). Hans reaktion är lätt att förstå, eftersom fullbordandet av dessa löften krävde flera stora mirakler. De tvivel och den fruktan Abraham kämpade med var inget problem för Herren. Abraham valde den rätta vägen när han vände sig till Gud med sina tvivel. Detta är sant också i vårt fall. När vi tar våra tvivel till Gud, blir de vägen till en större tro. Jesus blir inte nervös eller skakad av våra tvivel, men han vill att vi involverar honom i dem. Det gör vi genom att vi överlåter alla våra tvivel till honom, och bestämmer oss för att lita på Herren trots allt. Detta öppnar dörren till en större tro.

Förbundet som garanterar löftena

Herren gjorde nu något mycket radikalt för att försäkra Abraham om att löftena skulle uppfyllas. Gud talade till Abraham:

"Hämta åt mig en treårig kviga, en treårig get, en treårig bagge, en turturduva och en ung duva. Han hämtade alla dessa åt honom, styckade dem mitt itu och lade styckena mot varandra. Men fåglarna styckade han inte" (1 Mos. 15:8-10).

Gud vill sluta ett förbund med Abraham. Det kan vara svårt för oss att inse betydelsen av vad Gud gjorde här, men för Abraham var det helt överväldigande. I den tidens kultur var det nämligen vanligt att ingå förbund. Vi läser till exempel hur Abraham slöt ett förbund med Abimelek (1 Mos. 21:22-34). Att ingå ett förbund var en viktig angelägenhet på den tiden. De två parter, som gick in i förbund med varandra, hade förbundit sig till att stå fast vid förbundet ända in i döden. När Gud bad Abraham hämta dessa djur och stycka dem, så visste Abraham att allt vad Herren hade lovat honom nu verkligen skulle infrias. Att bryta ett förbund var att förlora all heder, och det betraktades därför som något väldigt skamligt i denna kultur. Abraham visste därför att Herren aldrig skulle bryta sitt eget löfte!

Slaveriet i Egypten förutsägs

Sedan föll Abraham i djup sömn och Herren valde att uppenbara sig för honom i drömmen. Abraham fick då en uppenbarelse om att hans avkomma skulle tvingas bo i ett annat land, där de skulle bli slavar. *"Du ska veta att dina efterkommande ska bo som främlingar i ett land som inte är deras där man ska göra dem till slavar och förtrycka dem i fyrahundra år"* (1 Mos. 15:13-14). Detta måste ske eftersom synden hos amoréerna, som bodde i Kanaans land vid den här tiden, var så stor. När deras synder hade nått sitt fulla mått, så skulle de drivas bort. Då skulle Abrahams avkomlingar slutligen äga det utlovade landet helt och fullt. *"I fjärde släktledet ska de återvända hit, för amoreerna har ännu inte fyllt sina synders mått"* (1 Mos. 15:16). Det är fascinerande att Abraham fick en så omfattande vision gällande framtiden. Gud hade gett landet till Abraham, men ändå skulle det dröja flera hundra år innan löftet om landet skulle få sin fulla uppfyllelse. I sitt briljanta försvarstal inför Stora rådet, sa Stefanus om Abraham: *"Han gav honom ingen arvedel i landet, inte ens en fotsbredd, men han lovade att ge det som egendom åt honom och hans efterkommande, trots att han var barnlös"* (Apg 7:5). Detta ger oss ett gott exempel att följa. Vi har ofta en mycket kortsiktig syn på uppfyllelsen av Guds löften. Ofta tror vi att de skall infrias omedelbart, men det är genom uthållighet och tro som vi ska få det som är utlovat. I Guds rike lever vi alltid i spänningsfältet av att vi har tillgång till det redan nu, men ännu ser vi det inte i sin fullhet.

Förbundet instiftas

Sedan påbörjade Herren den ritual som vanligen utfördes när två parter ingick förbund med varandra. *"När solen hade gått ner och det blivit alldeles mörkt, syntes en rykande ugn med en brinnande fackla som gick fram mellan köttstyckena. På den dagen slöt Herren ett förbund med Abram"* (1 Mos. 15:17-18). Redan här hittar vi en stor ledtråd till att något skulle bli helt annorlunda med detta unika förbund. Vanligtvis skulle båda parter delta i ritualen, genom att gå mellan djurdelarna. Men här var det inte fråga om ett förbund mellan två likvärdiga parter. Herren lät Abraham falla i sömn för att visa honom att detta förbund skulle vara villkorslöst. Därför var det bara Herren själv som gick emellan djurdelarna. Han var den ende som förband sig till att hålla sina löften i detta förbund. Detta förbund vilade enbart på Guds nåd och godhet. Abrahams del var att ta emot löftet genom tron!

En brinnande fackla

När Herren gick mellan djurdelarna för att bekräfta sitt förbund, uppenbarade han sig som en brinnande fackla. Detta är en viktig och angelägen profetisk bild, med ett starkt budskap till Herrens folk. Den brinnande facklan uppenbarar Guds brinnande kärlek till oss. Herrens stora kärlek beskrivs genom hela Bibeln som en eld som aldrig kan utsläckas (Höga visan 8:6-7). Kärlekens Herre ingick ett villkorslöst förbund med Abraham, som var helt och hållet grundat på Herrens egen godhet och nåd. Detta visar vem vår himmelske Far är, och hans hjärtas inställning gentemot oss kommer alltid att förbli densamma. Han relaterar alltid till oss i kärlek, godhet och nåd!

Löftets förbund

Herren bekräftade nu än en gång att han hade gett det förlovade landet till Abrahams avkomma. *"Åt dina efterkommande ska jag ge detta land, från Egyptens flod ända till den stora floden, floden Eufrat"*

(1 Mos. 15:18-20). Eftersom löftet gavs villkorslöst, så var det helt byggt på Guds godhet och nåd. När Herren ingick detta förbund med Abraham, blev Abraham fullt övertygad om att han skulle bli fader till en stor nation och ett helt folk. Herren har alltid varit en förbundens Gud. De förbund som han ingått med sitt folk, har alltid varit hans sätt att låta oss veta att han håller sina löften till oss. Abraham var nu Herrens egen förbundspartner.

De fem bibliska förbunden

I Bibeln kan vi finna fem olika förbund, och det är till väldigt stor hjälp för oss att känna till skillnaden mellan dessa. När vi förstår de olika förbunden, så blir Bibeln betydligt enklare att läsa, och det blir lättare att förstå Guds handlande. Annars kommer en del av Guds gärningar bli svåra att förklara. Det kan då se ut som att hans handlande motsäger hans hjärta och natur, eftersom vi ser fullheten av vem Gud är, bara genom Jesus Kristus. Men så snart vi förstår att det är genom dessa olika förbund som Gud relaterar och handlar med sitt folk, så får vi en klarare bild av anledningen till hans handlande. Bibelns fem förbund är:

1. *Förbundet med Noa*
   Guds förbund med Noa var ett villkorslöst förbund, där Herren lovade att aldrig mer förstöra jorden genom att dränka den i vatten. Noa hade ingen aktiv del i det här förbundet. Det var byggt på Guds löfte. *"Jag ska upprätta mitt förbund med er: Aldrig mer ska allt liv utrotas genom flodens vatten. Aldrig mer ska en flod komma och fördärva jorden"* (1 Mos. 9:11). Som ett tecken på att detta förbund skulle bestå till evig tid, satte Herren regnbågen i skyn (1 Mos. 9:12-13).

2. *Förbundet med Abraham*
   Guds förbund med Abraham, som vi studerar i det här kapitlet, var också ett villkorslöst förbund. Det byggdes uteslutande på Guds löften att välsigna honom och göra

hans avkomma till en välsignelse för hela världen. I detta kapitel studerar vi hur Herren uppfyller detta förbund, men löftena det vilar på, hade givits till Abraham långt innan det hade blivit tal om något förbund. *"Där ska jag göra dig till ett stort folk. Jag ska välsigna dig och göra ditt namn stort, och du ska bli en välsignelse. Jag ska välsigna dem som välsignar dig och förbanna den som förbannar dig. I dig ska jordens alla släkten bli välsignade"* (1 Mos. 12:2-3). Dessa löften var enbart byggda på hans godhet och nåd!

3. ***Förbundet med Mose/Gamla förbundet***
Gud ville etablera ett förbund med Israels folk som även det skulle vara byggt på Guds godhet och nåd. De skulle alla vara hans präster, men folket tog inte emot det löftet. I stället valde de Mose som medlare, och bäddade så för det villkorade förbund som de i slutändan leva med. Det Gamla förbundet reflekterade inte den relation som Gud ville ha med sitt folk, utan den relation som folket ville ha med Gud (2 Mos. 19-29; 5 Mos. 5).

4. ***Förbundet med David***
Detta var också ett villkorslöst förbund, som uteslutande vilade på Guds godhet och nåd. Gud lovade att bygga ett hus åt David och att en av hans ättlingar skulle regera Guds rike för till evig tid. *"Nu förkunnar Herren för dig att Herren ska bygga ett hus åt dig. När din tid är slut och du vilar hos dina fäder ska jag efter dig upphöja din avkomling som ska utgå ur ditt liv, och jag ska befästa hans kungadöme. Han ska bygga ett hus åt mitt namn, och jag ska befästa hans kungatron för evigt* (2 Sam 7:11-12). Dessa löften gällde förstås delvis Salomo, som ju var Davids son och arvinge i det naturliga. Men deras sanna och slutliga uppfyllelse kom genom Jesus, som regerar för evigt och nu sitter på Davids tron. Det var därför Herren gav detta löfte: *"Ditt hus och ditt kungadöme ska bestå inför mig till evig tid. Din tron ska vara befäst för evig tid"* (2 Sam. 7:16).

5. *Det Nya Förbundet*

Det Nya Förbundet instiftades av Jesus, när han dog för oss på korset. Detta förbund fullbordar de båda förbund som Gud slöt med Abraham och David, samtidigt som det avskaffar och ersätter det Gamla förbundet för evigt. Vi har fått ett bättre förbund med bättre löften. Detta är anledningen till att vi nu är fria från lagens krav, och att vi i stället har ärvt Abrahams välsignelse i Kristus. Det Nya Förbundet bygger enbart på Guds nåd och godhet gentemot oss.

Vi har ett bättre förbund

I likhet med Abraham är vi idag förbundspartners till Herren. I själva verket har vi ett mycket bättre förbund, som kallas det Nya Förbundet. I Hebreerbrevet beskrivs det Nya Förbundet just som ett bättre förbund. *"Men nu har Kristus ett högre prästämbete, liksom han också är medlare för ett bättre förbund som är grundat på bättre löften"* (Hebr. 8:6). Mina tidigare böcker handlar till stor del om hur livet i det Nya Förbundet ser ut, så jag kommer därför inte att upprepa detta här. (Se mina böcker *Jesu Kristi brinnande Kärlek & Förvandlad genom Guds nåd*). Men det är avgörande för oss att vi blir rotade och befästa i det Nya Förbundets verklighet, om vi skall kunna leva i alla dess många löften och välsignelser till oss. Det Gamla förbundet avslutades för länge sedan, och det är dags för oss att lämna det bakom oss. Låt oss i stället tillfullo ta till oss det Nya Förbundet med alla dess härliga löften. I Hebreerbrevet kan vi läsa om det Nya Förbundets största välsignelser. Att leva i dessa hjälper oss att bryta ny mark för Guds rike:

- *Vi är heliga och fullkomliga i Kristus (Hebr. 10:10,14)*
- *Fadern har lovat att aldrig minnas våra överträdelser (Hebr. 8:12, 10:17-18)*
- *Hans vilja är skriven i våra hjärtan (Hebr. 8:10, 10:16)*
- *Vi har blivit hans folk och familj (Hebr. 8:10)*
- *Vi känner Fadern (Hebr. 8:11)*

Detta är några mycket enkla, men ändå djupa sanningar gällande de löften vi har fått i det Nya Förbundet. Dessa sanningar ger oss både frimodighet och trygghet till att gå vidare med de visioner som Gud har gett till oss. Förvissningen om att Jesus inte längre minns vår synd, och att han har gjort oss fullkomliga och heliga, frigör oss från fördömelse och medvetande om synd. Det befriar oss från vårt behov av att ständigt jobba på oss själva, så att vi i stället kan fokusera på Guds vilja.

Omskärelsen som ett tecken

När Herren några kapitel senare, än en gång påminde Abraham om sina löften, så uppenbarade han vad som skulle vara tecknet på förbundet han ingick med Abraham: *"Och detta är det förbund mellan mig och dig och dina efterkommande som ni ska hålla: Alla av manligt kön hos er ska omskäras. Ni ska skära bort er förhud, och det ska vara tecknet på förbundet mellan mig och er"* (1 Mos. 17:10-11). Omskärelsens tecken var något som Gud lade stor vikt vid under den här tiden. Det var så viktigt att Gud befallde att om det fanns några oomskurna män bland folket, så skulle de avrättas (1 Mos. 17:14). Omskärelsen var en mycket viktig identitetsmarkör, som gavs för att påminna folket om att de stod i förbund med Herren. Stefanus kallade förbundet med Abraham, för ett omskärelsens förbund (Apg. 7:8). Det var medan Herren talade till Abraham om omskärelsen, som han förändrade hans namn från Abram till Abraham. Vi ska titta på betydelsen av detta längre fram.

Hjärtats omskärelse

Omskärelsen var en handling fylld med profetisk symbolik, som handlade om att befrias från den gamla människan. Paulus skrev om hjärtats omskärelse i Romarbrevet: *"Jude är man ju inte till det yttre, inte heller är omskärelsen något yttre på kroppen. Jude är man i sitt inre, och hjärtats omskärelse sker genom Anden och inte genom bokstaven. Då får man sitt beröm inte av människor utan av Gud"* (Rom. 2:28-29). I det Nya Förbundet är det inte yttre tecken eller ritualer som gäller. Vi behöver inte längre hålla på sabbatsbudet, eller alla de olika matregler som fanns i det gamla förbundet. Inte heller behöver vi ju omskära den som blir född på nytt. I det Nya Förbundet är omskärelsen ett verk av den helige Ande som sker i hjärtat på den troende, och befriar oss från vårt gamla liv. Detta verk har Jesus gjort för oss på korset.

"För om vi är förenade med honom i en död som hans, ska vi också vara det i en uppståndelse som hans. Vi vet att vår gamla människa har blivit korsfäst med Kristus, för att syndens kropp ska berövas sin makt så att vi inte längre är slavar under synden" (Rom. 6:5-6).

Våra hjärtan har redan blivit omskurna och vi har redan dött bort från vårt gamla liv. I det Nya Förbundet kan vi praktisera denna verklighet genom att helt överlåta våra kroppar till Kristus, så att han kan leva sitt liv genom oss. Vi är försonade genom Jesu död, men vi blir frälsta genom hans liv (Rom. 6:11-14, Gal. 2:19-21). Genom att vi ger Kristus utrymme att uttrycka sitt liv genom oss, kan vi leva i helgelse och lägga av oss den gamla människan. Vi har fått befallning om att *"… lämna ert gamla liv och lägga bort den gamla människan som går under, bedragen av sina begär. Låt er förnyas till ande och sinne och klä er i den nya människan, som är skapad till likhet med Gud i sann rättfärdighet och helighet"* (Ef. 4:22-24). Detta kan endast ske genom att vi tillåter Jesus att uttrycka sitt liv och sin egen natur genom oss. Att vi har blivit fullständigt befriade från vårt gamla liv är en av de allra största välsignelserna i det Nya Förbundet. Vi har blivit befriade så att vi kan klä oss i den nya människan, genom att leva det nya livet i Kristus. Vi kan leva i ständig förvandling tillsammans med Jesus, och ständigt bryta igenom på nya områden i anden och utbreda Guds rike.

Varje löfte är ja och amen i Kristus

Som vi redan sett tar Fadern sina förbund mycket allvarligt. Han har garanterat att han ska fullborda sina löften till, eftersom varje löfte har beseglats genom Kristi blod. *"Alla Guds löften har i honom fått sitt ja. Därför får de också genom honom sitt Amen, för att Gud ska bli ärad genom oss"* (2 Kor. 1:20). Varje löfte i Bibeln, liksom alla de löften som Jesus förmedlat till oss personligen, är ja och amen i Kristus. Vi kan nu frimodigt bygga vår vision tillsammans med Herren, eftersom vi vet att Fadern alltid kommer att hålla sina löften och göra allt det som han har sagt till oss. Detta är kraften i det Nya Förbundet. Det ger oss frimodighet och frihet, eftersom vi kan vila i alla hans löften.

Löften om fruktbärande och genombrott

Eftersom vi lever i det Nya Förbundet, tillhör varje löfte i Bibeln nu oss. Guds Ord är fullpackat med underbara löften som hjälper oss bygga en fruktbärande vision, samtidigt som vi hämtar kraft i dessa löften till att leva både meningsfulla och tillfredsställande liv med Jesus. Alla Faderns löften tillhör nu oss och de har blivit vår andliga födslorätt. Jag älskar att proklamera Guds löften över mitt liv och min familj. Detta har varit en verkligt livgivande och stärkande vana för mig i mitt liv med Gud. Alla Guds löften har nu blivit ja och amen för oss i Kristus. Vi kan därför var helt säkra på att alla dessa löften kommer att uppfyllas.

Vi kan alltid be och proklamera ut Guds löften för att uppmuntra oss själva i Herren. Dessa löften har blivit givna till oss, för att vi skall bli rotade i vår identitet som Faderns älskade, fruktbärande och välsignade barn. Eftersom vi är både hans barn och arvingar är dessa löften vår födslorätt genom Kristus. Jag rekommenderar att du gör din egen lista av proklamationer, grundade på bibliska löften. Att bekänna Guds Ord förlöser hans kraft till att verka för oss och det kommer också hjälpa oss fokusera på hans löften. Låt oss följa Abrahams exempel, genom att vi lägger all vår trygghet och förtröstan på Guds löften och det Nya Förbundet!

Aktiveringsövningar

- Det Nya Förbundet är villkorslöst, enbart byggt på Guds godhet och nåd. Hur kan denna insikt styrka din relation med Fadern? Hur hjälper det dig att du vet att ditt arbete och din tjänst bygger helt på Guds nåd? Reflektera över denna sanning, tillsammans med den helige Ande. Skriv ned de insikter han ger dig.

- Hebreerbrevet målar upp en tydlig och underbar bild av det Nya Förbundet, speciellt kapitel 8-11. Studera dessa kapitel för att få mer insikt i det Nya Förbundet. Bjud in den helige Ande att ge dig mer uppenbarelse över detta ämne. Skriv ner de lärdomar du finner.

- Vi har redan konstaterat att alla Guds löften tillhör oss i det Nya Förbundet. Jag har här lyft fram några löften ur Bibeln och gjort en lista med proklamationer, för att visa hur vi kan tala ut och bekänna Guds Ord:

1. *Världen är min arvedel (Rom. 4:13).*
2. *Jag har blivit utvald av Jesus till att förhärliga min himmelske Fader, genom att bära rik och förblivande frukt (Joh. 15:16).*
3. *Jag är planterad i Kristi kärlek, och allt jag företar kommer att ha framgång (Ps. 1:3).*
4. *Jag ber om nationerna och de ges till mig som ett arv (Ps. 2:8).*
5. *Jag står upp och strålar, eftersom ljuset från Kristus är här och Guds härlighet har gått upp för mig (Jes. 60:1).*
6. *Herren förökar och förnyar ständigt min styrka, så att jag kan bära visionen vidare utan att bli trött (Jes. 40:29-30).*

Hitta minst tio löften i Bibeln. Använd dessa till att göra dina egna bekännelser. Be sedan den helige Ande lyfta fram fler bibliska löften, som han vill att du ska använda som profetiska bekännelser. Skriv ned dessa och använd dem frimodigt!

- Ta 20-30 minuter i bön. Proklamera och be ut Guds löften över ditt liv, din tjänst och din familj. Detta kommer att förlösa Kristi kraft att verka, både för dig och din familj. Gör detta regelbundet.

- Ta lite tid i förbön för Kristi kropp. Be Fadern uppenbara det Nya Förbundet på ett djupare sätt för oss. Be honom föra oss djupare in i den nya skapelsens verkligheter.

KAPITEL 14: IDENTITET OCH FRUKTBÄRANDE

Abraham och Sara fick inte bara ta emot löftet att ärva en nation, utan Gud lovade också att välsigna dem med ett barn. Gud hade lovat Abraham att välsigna hans avkomma, till att bli ett helt nytt folk och en stor nation (1 Mos. 13:14-17, 15:4-5). Eftersom de båda hade passerat fruktbar ålder för länge sedan krävde uppfyllelsen av detta löfte ett mirakel, men vi vet att vår Fader är specialist på just sådana mirakler. Mirakler från Gud förlöser oftast en mycket starkare välsignelse än vi någonsin kunnat drömma om, eller ens vågat tänka oss (Ef. 3:20-21).

Vi vet att Herren botade Sara från ofruktsamheten och såg till att hon fick sitt barn och arvinge. *"Genom tron fick även Sara, som var ofruktsam, kraft att bli mor till en ätt fast hon var överårig. Hon tänkte att den som hade gett löftet var trofast"* (Hebr.11:11). Abraham och Sara fick inte bara en son i det naturliga. De blev också de andliga föräldrarna till alla Guds barn. Detta innebär att de nu har blivit välsignade med ett oräkneligt antal efterkommande, både i det andliga och i det naturliga. *"Därför fick också en enda man, så gott som död, barn så talrika som himlens stjärnor och oräkneliga som sandkornen på havets strand"* (Hebr. 11:12). Innan Abraham och Sara kunde bli föräldrar, så behövde de en förnyad uppenbarelse om deras identitet. Eftersom Sara hade varit ofruktsam så länge, hade den skam och smärta detta förde med sig, nu blivit en del av hennes identitet. *"Men Saraj var ofruktsam och hade inga barn"* (1 Mos. 11:30). Ofruktsamheten hade blivit till ett kolossalt fäste i hennes liv som nu behövde brytas. Gud började bryta ned dessa lögnfästen, genom att uppenbara hennes verkliga identitet. En viktig del i detta var att Herren gav dem nya namn.

Ett nytt namn – en ny identitet

När Abraham fick kallelsen från Herren att lämna sitt hemland, liksom under hela resan till Kanaan, bar de fortfarande namnen Abram och Saraj. Men när de hade bott i landet en tid, så ändrade Gud deras namn till Abraham och Sara. Detta var ett avgörande ögonblick. Deras identitet började förändras när Herren ändrade deras namn. Anledningen till att han gjorde det blir tydlig när vi förstår betydelsen av deras nya namn:

- **Abram** betyder *"upphöjd far"*. Abraham betyder *"fader till många folk"*.

- **Saraj** betyder *prinsessa*. Sara har en liknande betydelse, men att hon fick ett nytt namn, innebar en uppgraderad identitet, fruktsamhet och förnyelse. Paulus och Jesaja bekräftar båda detta, genom att de beskriver Sara som vår moder (Jes. 51:2-3, Gal. 4:21-31).

Deras namnbyte var en profetisk deklaration av deras kallelse att bli föräldrar till ett nytt folk och en nation, liksom de också blev föräldrar till vår tro. I Bibeln har de namn som Gud ger alltid en profetisk innebörd. Gud gav aldrig någon ett namn av en slump. Herren gav alltid ett nytt namn till människor för att uppenbara deras profetisk identitet och kallelse. Genom detta uppenbarade Gud namnbärarens profetiska framtid i Guds rike.

Vi har fått ett nytt namn

Ett sådant exempel finns i Uppenbarelseboken. I sändebreven till de sju församlingarna gav Jesus ett antal underbara löften till de troende som övervinner. (I min bok *Jesu Kristi brinnande kärlek*, kan du läsa mer om detta). Till församlingen som fanns i staden Pergamus, ger Herren detta löfte om ett nytt namn: *"Du som har öron, hör vad Anden säger till församlingarna! Den som segrar ska jag ge av det dolda mannat. Och jag ska ge honom en vit sten, och på stenen är skrivet ett nytt namn som ingen känner utom den som får det"* (Upp. 2:17). En av fördelarna med att vara i Kristus är att vi nu har tagit emot ett nytt namn. Precis som för Abraham och Sara är vårt nya namn tänkt att vara en profetisk deklaration, av vår nya identitet. Vår gemensamma identitet finns endast i Kristus. Detta är vårt familjenamn, men vi har också givits en personlig identitet. Vår nya personliga identitet i Kristus består av vår personlighet, våra gåvor och kallelsen vi har fått av Herren. Det är anledningen till att han gav oss vårt nya namn.

Identitet och uppfyllda löften

Vi kan lära oss en viktig princip här. När Abraham fick sitt nya namn, hade han redan tagit emot löftet att han skulle få ett barn. Han visste att hans avkomma skulle växa och bli till en ny nation. Detta löfte hade redan blivit bekräftat genom hans förbund med Herren. Abraham var säker på att detta skulle ske, och han hade redan blivit tillräknad rättfärdighet genom tro. *"Sedan förde han honom ut och sade: Se upp mot himlen och räkna stjärnorna, om du kan räkna dem. Och han sade till honom: Så ska din avkomma bli." Och Abram trodde på Herren, och han räknade honom det till rättfärdighet"* (1 Mos. 15:5-6). Ändå saknades en mycket viktig del av pusslet i Abrahams liv. Innan Guds löften kunde manifesteras fullt ut för Abraham och Sara, så behövde de få en förnyad uppenbarelse av deras verkliga identitet. Detta visar oss en väldigt viktig princip i Guds rike, som återkommer genom hela Bibeln: *En uppenbarelse av vår identitet i Kristus förlöser Faderns löften.*

Guds löften är mäktiga nog till att förvandla våra liv, men för att det ska ske behöver vi bli befriade från djävulens lögner om vilka vi är. Att ta emot Guds löften medan vi fortfarande lever i vår gamla identitet, begränsar kraftigt deras fullbordan i våra liv. För att Guds vilja skall blomstra och bära frukt, behöver vi hålla fast vid uppenbarelsen om vilka vi är i Kristus. Jag har sett hur denna princip fungerar i mitt eget liv vid ett flertal tillfällen. Varje gång Gud börjar föra mig in i en större uppfyllelse av hans kallelse för mitt liv, börjar han alltid med att ge mig en djupare uppenbarelse av min identitet i Kristus.

En uppgraderad identitet

Innan Abraham och Sara kunde fullborda kallelsen att bli far och mor till ett nytt folk, behövde de en omfattande uppgradering av uppenbarelsen, gällande deras identitet. Gud bytte deras namn som en profetisk deklaration av fruktsamhet över dem. De hade varit ofruktsamma och burit med sig det som en andlig identitet och källa till skam. Gud talade in sin avsikt med deras liv genom att ändra deras namn, och förklara vilka de egentligen var i hans ögon. Han ändrade deras namn för att uppenbara deras kallelse. Först talade Gud till Abraham: *"Se, detta är mitt förbund med dig: Du ska bli far till många folk. Därför ska du inte mer heta Abram, utan ditt namn ska vara Abraham, för jag har gjort dig till far för många folk. Jag ska göra dig mycket fruktsam och låta folkslag komma från dig, och kungar ska utgå från dig* (1 Mos. 17:4-6). Sedan fortsatte Gud tala till Abraham om att omskärelsen skulle vara ett profetiskt tecken på deras förbund (1 Mos. 17:9-14). Slutligen uppenbarade Herren även Sarajs nya namn och identitet: *"Din hustru Saraj ska du inte mer kalla Saraj, utan hennes namn ska vara Sara. Jag ska välsigna henne och ge dig en son också med henne. Jag ska välsigna henne så att folkslag och kungar över folk ska komma från henne* (1 Mos. 17:15-16). Det är betydelsefullt att Abraham och Sara fick sina nya namn i samband med att Herren talade om förbundet.

Vår nya identitet och ett fruktbärande liv är tätt sammanlänkade med vårt förbund med Gud. Vår Fader har lovat att upprätta vår identitet, men också att vi skall bära bestående frukt i överflöd! Denna uppgradering av deras identitet ägde inte rum vid starten av deras resa med Herren, men det behövde ske vid någon punkt under deras vandring med Gud. Efter det att Gud hade gett dem nya namn, kallade de sig i fortsättningen alltid för Abraham och Sara. Det innebar att varje gång någon använde deras nya namn, blev det en mäktig påminnelse och deklaration av deras identitet och bestämmelse.

Att omfamna vår nya identitet

När Abraham och Sara tog till sig sina nya namn, innebar detta att de bejakade sin identitet som fruktbärande och välsignade av Herren. Deras förflutna präglade dem inte längre. I stället lät de Herren forma dem, i enlighet med deras gudagivna identitet och kallelse. Samma princip gäller än idag för oss som lever i det Nya Förbundet. Att veta att vi är Guds barn är grundläggande för allt annat i våra liv tillsammans med Jesus. Vi behöver en djupare uppenbarelse av vår gemensamma identitet som Faderns familj, men vi måste även lära känna vår personliga identitet i Kristus.

Vår Fader vill att vi tar till oss vår nya identitet fullt ut, så att vi verkligen kan leva i det arv som han har gett oss. *"Se vilken kärlek Fadern har skänkt oss: att vi får kallas Guds barn! Och det är vi också. Världen känner oss inte, eftersom den inte har lärt känna honom"* (1 Joh. 3:1). Vi är hans barn och han har skänkt sin stora kärlek till oss. Insikten i vilka vi är i Kristus, befäster oss i vår gemensamma identitet som hans barn. Men Fadern längtar efter en personlig relation med vart och ett av sina barn. Därför har han även gett var och en av oss en ny personlig identitet. Som vi redan har sett består vår personliga identitet i Kristus av vår personlighet, våra gåvor och den uppgift som Fadern har skapat oss för. Han kallar oss alla vid ett nytt namn!

Tre perspektiv på identitet

Bibeln visar på tre olika perspektiv på vår identitet, som kommer från helt olika källor. Det är viktigt att känna till dessa perspektiv så vi kan urskilja vilka röster vi tillåter forma oss. Jag har skrivit om dessa perspektiv i mina tidigare böcker *(Förbli i Faderns kärlek & Jesu Kristi brinnande kärlek.)* Men jag vill ta upp dem igen av en mycket enkel anledning. Abrahams och Saras väg in i deras nya identitet, var en resa av förvandling genom dessa tre perspektiv. Vi ska nu se på deras resa, för att hämta insikter som kommer att hjälpa oss på vår väg med Gud:

1. Satans perspektiv på vår identitet – vårt brustna förflutna

Eftersom Satan är brödernas åklagare och dessutom en lögnaktig bedragare, använder han våra synder, misslyckanden och gamla sår för att stämpla oss med en fallen identitet. Enligt honom är vi alltid präglade och bundna till vårt trasiga förflutna (Upp. 12:10). I Abraham och Saras fall, betydde det att de för all framtid skulle vara fast i sin ofruktsamhet. När vi först möter dem i Bibeln, hade de accepterat Satans perspektiv på deras liv. De var helt bundna av det förflutnas skam och smärta, vilket gav Satan auktoritet att förtrycka dem med lögner och falska anklagelser. I vårt fall finns det andra händelser från vårt förflutna som Satan vill lyfta fram för att stämpla oss, men principen förblir alltid den samma. Om vi köper Satans lögner om våra liv, så kommer vi att vara bundna av våra synder och vår brustenhet från det förflutna.

2. Det mänskliga perspektivet på vår identitet – våra nuvarande omständigheter

Människor definierar varandra efter köttet, vilket innebär att de använder sin naturliga kunskap för att definiera oss (2 Kor. 5:16). Medan Satan använder vårt *trasiga förflutna* för att definiera oss, kommer människor i stället att använda *nuvarande omständigheter* för att definiera vilka vi är och stämpla oss med en fallen identitet som är byggd på köttet. Med nuvarande omständigheter syftar jag på saker som vår karriär, utbildning och sociala status. Enligt detta perspektiv definieras vi enligt var vi befinner oss i livet just nu. För Abraham och Sara skulle detta innebära att de var dömda till att förbli ofruktsamma och utan arvinge. Även om de kunde ha blivit helade från skammen av att inte kunna få barn, så skulle de ändå inte kunna få någon arvinge. Det skulle ha inneburit att de varit begränsade till vad som rent mänskligt var möjligt.

Sara såg sig själv på det sättet, när hon fick höra de omtumlande nyheterna som Gud talade till Abraham gällande Isaks födelse: *"Då sade han: Jag kommer tillbaka till dig nästa år vid denna tid, och se, då ska din hustru Sara ha en son. Detta hörde Sara där hon stod i tältöppningen bakom honom"* (1 Mos. 18:10). Hon hörde hur Herren delade med Abraham att tiden när de skulle få sin utlovade son, nu kom närmare. Medan hon lyssnade, så föll hon in i sina gamla tankemönster igen. *"Men Abraham och Sara var gamla och hade nått hög ålder, och Sara hade inte längre det som kvinnor brukar ha. Sara log inom sig och tänkte: Ska jag få känna åtrå när jag är utsliten och min herre är gammal?"* (1 Mos. 18:11-12). Saras reaktion ger en bra illustration av hur det mänskliga perspektivet påverkar vår bild av oss själva på ett sätt som dramatiskt begränsar våra liv. I det naturliga var det omöjligt för Abraham och Sara att få barn, men Herren är aldrig begränsad till våra nuvarande omständigheter. När vi förblir i Faderns kärlek är allting möjligt!

3. Faderns perspektiv på vår identitet – i Kristus och vår profetiska framtid

Gud ser vilka vi är i Kristus, och vilka vi är på väg att formas till att bli (2 Kor. 5:17). Medan Satan alltid använder vårt *förflutna* för att tala om för oss vilka vi är, och andra människor bedömer oss utifrån våra *nuvarande omständigheter*, ser Fadern oss utifrån vår *profetiska framtid*. Han ser hur den färdiga produkten av våra liv ska bli. Enligt Faderns perspektiv definieras vår identitet av vilka vi är i Kristus, men också av vilka vi kommer att bli när Jesus är färdig med sitt förvandlade verk i oss. Med andra ord ser Fadern vilka vi är på väg att bli. Detta var vad han ville visa genom att ändra deras namn till Abraham och Sara. Från Guds perspektiv var Abraham redan en fader till många folk, och Sara hade blivit en fruktsam prinsessa. När de började använda sina nya namn, blev de också rotade i sin nya identitet.

Sara log

Det var av den anledningen som Gud valde att konfrontera Sara, när hon skrattade i otro. Herren tillrättavisade henne inte för att få henne att skämmas. Han gjorde det i syftet att få henne tillbaka på trons spår. *"Herren sade till Abraham: Varför log Sara och tänkte: Ska jag föda barn, jag som är så gammal? Skulle något vara omöjligt för Herren? Vid den bestämda tiden nästa år kommer jag tillbaka till dig, och då ska Sara ha en son"* (1 Mos. 18:13-14). När Sara insåg att hennes skratt och otro hade blivit avslöjat, blev hon nog både lite rädd och nervös, *"Då nekade Sara och sade: Jag log inte, för hon blev rädd. Men han sade: Jo, du log"* (1 Mos. 18:15). När våra synder och svagheter kommer upp i ljuset, måste vi komma ihåg att Jesus är vår vän. Förmodligen med ett leende, talade Herren om för Sara att han visste att hon hade skrattat. Han behövde göra det för att befria henne från hennes otro och mänskliga perspektiv. Herren gjorde detta i sin stora nåd, för han såg på Abraham och Sara som ett fruktbärande och välsignat par!

Isak föds

Vår Fader är full av både nåd och trofasthet. Herren höll sitt löfte och inom ett år födde Sara en son.

"Herren såg till Sara så som han hade lovat, och Herren gjorde med Sara som han hade sagt. Sara blev havande och födde en son åt Abraham på hans ålderdom, just vid den tid som Gud hade sagt honom. Abraham gav namnet Isak åt sin son som han fått, som Sara hade fött åt honom" (1 Mos. 21:1-3).

När Abraham och Sara klev in i sin kallelse från Gud, så blev till slut löftet om att de skulle få en son till verklighet. De hade redan bejakat sin identitet som ett välsignat och fruktsamt par. Nu fick omständigheterna äntligen böja sig och formas av Guds löften. Detta visar hur en fördjupad uppenbarelse av vår identitet alltid föregår uppfyllelsen av Guds löften. Detta är en väldigt viktig andlig princip som gäller allt Guds folk i alla tider. Detta mirakel gav dem inte bara en arvinge. Herren botade också Sara från den skam hon hade burit på. Hennes glädje upprättades och trots att Sara hade skrattat åt Guds löften, så var det Herren som fick det sista skrattet! *"Sara sade: Gud har fått mig att le. Alla som får höra det här kommer att le med mig. Och hon sade: Vem hade kunnat säga Abraham att Sara skulle amma barn? Men nu har jag fött en son på hans ålderdom"!* (1 Mos. 21:6-7). Vi kan alltid räkna med att Guds godhet och nåd verkar för oss. Vår Fader älskar oss djupt och han kommer alltid hålla sina löften till oss! Han kommer kanske inte att uppfylla dem på det sätt vi förväntade oss, men han kommer alltid att göra det han har sagt. Jesus är trofast och genom honom har Faderns alla löften blivit vår arvedel.

Uppenbarelse av identitet och tro på Guds löfte

Att Abraham hade blivit fast förankrad i sin gudagivna identitet, kan vi se i följande bibelverser:

"Där hoppet var ute hoppades han ändå och trodde och blev så far till många folk, som det var sagt: Så ska din avkomma bli. Han vacklade inte i tron när han tänkte på sin döda kropp – han var omkring hundra år – och att Saras moderliv var dött" (Rom. 4:18-19).

Djävulen talade troligen om för Abraham att det redan var för sent att uppleva ett mirakel, och att de därför var förvisade till ett liv i ofruktsamhet och skam. Hans vänner och familj sade nog till honom att deras situation var hopplös. De tyckte att han och Sara skulle sluta förneka verkligheten. Men Abraham brydde sig inte längre om dessa röster. Han lyssnade till vad Gud hade sagt, nämligen att han och Sara, skulle få många ättlingar. Abraham tog emot detta löfte om fruktsamhet helt och fullt, och han litade orubbligt på vad Gud hade talat. *"Han tvivlade inte i otro på Guds löfte utan blev i stället starkare i tron och gav Gud äran, fullt övertygad om att vad Gud hade lovat var han också mäktig att hålla"* (Rom. 4:20-21). Att vandra i uppenbarelsen om vår identitet i Kristus, medan

vi håller fast i Guds löften, kommer att förlösa Guds vilja i våra
liv. Att leva och verka utifrån vår identitet som hans barn, skapar
den slags tro som förlöser Guds löften!

Aktiveringsövningar

- I det här kapitlet har vi studerat Abraham och Saras namnbyte, och hur detta förändrade deras identitet. Hitta tre ytterligare exempel i Bibeln, där ett namn har profetisk betydelse. Studera dessa exempel för att lära dig mer om din identitet. Hur förvandlade ett namn deras liv? Skriv ner alla lärdomar som du får med dig.

- Vi har sett hur Bibeln beskriver tre olika perspektiv på vår identitet, som kommer från olika källor. Dessa tre perspektiv är:

1. *Satans perspektiv– vårt brustna förflutna.*
2. *Det mänskliga perspektivet– våra nuvarande omständigheter.*
3. *Faderns perspektiv– i Kristus och din profetiska framtid.*

   Gör tre olika proklamationer om din identitet, som är baserade på vart och ett av dessa tre olika perspektiv. Hur ser djävulen på dig? Hur bedömer människor ditt liv. Hur ser din Fader på dig? Skriv ner dessa tre olika perspektiv på din identitet.

- Ta 20-30 minuter i bön. Avsäg dig både det sataniska och det mänskliga perspektivet på din identitet. Om det fortfarande finns områden i ditt liv, där du ser att du har accepterat Satans eller människors perspektiv på ditt liv, så omvänd dig just nu. Bjud in Jesus att visa vem du verkligen är på dessa områden. Riv sönder de två identitetsproklamationer som du skrev ned i förra övningen, och som skulle representera det mänskliga eller demoniska perspektivet på ditt liv. Bjud sedan in den helige Ande att föra dig djupare in i Faderns sätt att se på vem du är.

- Vi har givits ett nytt namn i Kristus. Detta uppenbaras tydligt i Upp. 2:17. Läs denna vers tillsammans med Jesus. Be honom uppenbara vad ditt nya namn är, och hur detta namn återspeglar din identitet och uppgift. Skriv ner ditt nya namn och vad det namnet visar om dig och din profetiska framtid.

KAPITEL 15: VI ÄR BARN TILL DEN FRIA HUSTRUN

I Galaterbrevet talar Paulus om Sara som en profetisk bild på det Nya Förbundet. Sara kallas den fria kvinnan, som föder sina barn genom kraften i Guds löften. Vi såg i förra kapitlet att detta inte berodde på hennes mänskliga styrka, utan att det var ett resultat av Guds nåd. Sara hade varit ofruktsam hela sitt liv, men Herren botade henne och välsignade henne med en löfteson. Med detta mirakel följde både tillväxt och fruktbärande, vilket gjorde Saras liv betydligt mer välsignat än hon ens hade vågat drömma om. Detta var ett verk av Guds kärlek och stora nåd. *"Där står skrivet att Abraham hade två söner, en med slavinnan och en med den fria hustrun. Slavinnans son var född på mänsklig väg, den fria hustruns son däremot i kraft av ett löfte"* (Gal. 4:22-23). När vi lever i vår nya identitet i Kristus, så har också vi tillgång till samma välsignelse av tillväxt och fruktbärande. Detta har blivit vår förstfödslorätt som Saras barn, hon som är den fria hustrun. Sara är en bild på det Nya Förbundet, genom vilket vi har tagit emot välsignelsen av övernaturlig tillväxt. Detta är vårt arv som Guds barn.

Att förvänta sig tillväxt och välsignelse

Eftersom vi nu är barn till den fria hustrun, och har fötts genom kraften av ett löfte, så kan vi förvänta oss att ständig tillväxt och välsignelse ska flöda ut ur våra liv. Denna förbundsverklighet är vad Saras namnbyte representerade. Hennes fallna identitet var alltid förknippad med ofruktbarhet och barnlöshet, men när Gud gav henne ett nytt namn, kunde hon bryta igenom och jubla av glädje. Hon hade blivit välsignad med många barn, för hon hade nu blivit Guds egen prinsessa!

"Men det himmelska Jerusalem är fritt, och det är vår moder. Det står ju skrivet: Jubla, du ofruktsamma som inte föder barn, brist ut i jubel och ropa av fröjd, du som inte känner födslovärkar, för den ensamma

har många barn, fler än den som har en man. Ni, bröder, är löftets barn liksom Isak (Gal. 4:26-28).

Sara blev moder till alla som är födda enligt löftet och detta gäller alla Guds barn. När hennes namn ändrades och hon tog emot sin himmelska identitet, påbörjades en process där hon blev löst från sin gamla identitet som ofruktsam. Sara började ta till sig sin nya identitet som moder till en nation och ett helt nytt folk. Det finns kraft i att omfamna vår identitet i Kristus!

Fruktbärande av nåd, genom tro

Som vi tidigare har sett, nämner Hebreerbrevets författare Sara i sin uppräkning av troshjältarna. Där finner vi också en nyckel till att leva i Guds välsignelse av ständigt fruktbärande och tillväxt. *"Genom tron fick även Sara, som var ofruktsam, kraft att bli mor till en ätt fast hon var överårig. Hon tänkte att den som hade gett löftet var trofast"* (Hebr. 11:11). Nyckeln till att bära mycket frukt är att leva genom tro. Tron på Gud möjliggör för oss att föda fram alla hans löften i den här världen. Faderns löften har givits till oss av nåd, och vi tar emot dem genom tro. Att leva genom tron är vägen till att kliva in i ett liv av tillväxt där vi bär en rik och bestående frukt utifrån trons vila.

Detta var en viktig nyckel för mig när jag började ta steg för att bygga visionen Gud hade gett till mig. Av någon anledning hade jag intrycket att vägen till framgång och tillväxt i min kallelse och uppgift, var att jag skulle arbeta så hårt som möjligt. Jag hade vid den tiden utvecklat en väldigt prestationsbaserad inställning till min tjänst och vision. Med tiden började jag inse att nyckeln till genombrott var något helt annat. Mina egna ansträngningar och strävan kanske fungerar till viss del i den här världen, men Guds rike bygger på helt annorlunda principer. Nyckeln till att leva ett välsignat och fruktbärande liv i Guds rike är att leva av nåd.

Skillnaden mellan det nya och det gamla

En av de större skillnaderna mellan vårt liv i det Nya Förbundet jämfört med hur det var att leva under lagen, har att göra med vägen till att bära frukt. I det Gamla förbundet kom frukten som ett resultat av lydnaden gentemot lagen. I det Nya Förbundet bär vi bestående frukt av nåd genom tro. Vi har konstaterat hur Sara är en profetisk bild på det Nya Förbundet, och att hon kallas den fria hustrun. På samma sätt är slavkvinnan Hagar en bild på det Gamla förbundet.

"Slavinnans son var född på mänsklig väg, den fria hustruns son däremot i kraft av ett löfte. Detta har en djupare mening: de två kvinnorna är två förbund. Det ena kommer från berget Sinai och föder sina barn till slaveri, det är Hagar" (Gal. 4:23-24).

Hagar kallas slavinnan och Paulus beskriver hur hon föder sina barn på mänsklig väg, vilket bara är ett annat sätt att säga att hon föder sina barn i egen kraft. Det enda sättet att bli fruktbärande medan man fortfarande står under lagen är genom vår egen kraft och mänsklig styrka. Detta kommer alltid att leda oss in i andligt slaveri. Det som fötts av mänsklig styrka måste nämligen få sin näring och sitt underhåll från köttet. *"Det som är fött av köttet är kött, och det som är fött av Anden är ande"* (Joh. 3:6). Vi måste alltid komma ihåg detta i vårt liv med Fadern, men speciellt om vi vill leva i den vision han har gett oss.

Jesus lovar att vi kommer att bära förblivande frukt

Det var inte vi som valde Jesus först, det var han som valde oss. Vi gensvarade till hans kallelse och kom till honom. När Jesus kallade oss, lovade han att de som gensvarade till hans inbjudan skulle bära en överflödande frukt som består. *"Ni har inte utvalt mig, utan jag har utvalt er och bestämt er till att gå ut och bära frukt, och er frukt ska bestå. Då ska Fadern ge er vad ni än ber honom om i mitt namn"* (Joh. 15:16). Liksom Sara bär vi frukt genom kraften i

Guds löften. Att bära frukt är vår förstfödslorätt och vårt arv. Vi tar emot fruktsamhetens välsignelse genom att tro på hans löften

Att arbeta utifrån fruktbarhet

Den stora skillnaden mellan en lagisk hållning till vårt arbete för Herren, jämfört med att tjäna ur det Nya Förbundets perspektiv, handlar inte om hur hårt vi arbetar. Att vara en byggare eller en visionär i Guds rike, kommer alltid att innebära en hel del hårt arbete. Skillnaden består i att vi nu arbetar utifrån vår identitet i Kristus. Vi har redan blivit välsignade med ett löfte om att vi ska bära frukt som består. Vi arbetar inte för att producera frukt, utan vi vilar i det faktum att frukten är en välsignelse från Fadern. Det innebär att vi kan förtrösta på att hans välsignelse och favör vilar över alla de visioner han har gett oss. Vårt jobb är att förbli trogna gentemot hans instruktioner, och veta att resultatet av vårt arbete är hans ansvar. Våra hjärtan kommer att befästas i Guds frid, när vi inser att vi inte bär ansvaret för resultaten. I stället bär vi frukt eftersom vi är i Kristus.

Att arbeta hårt under nåden

Jag skulle ljuga om jag påstod att jag aldrig arbetar hårt. Jag är ju involverad i många olika uppgifter, och jag har helt överlåtit mitt liv till uppdraget att sprida Faderns kärlek och Jesu fullbordade verk, till varje del av Kristi kropp. Tidvis innebär detta förstås att jag behöver arbeta hårt, och att jag har oftast ett väldigt fullbokat schema. Den stora skillnaden för mig är att jag nu kan arbeta hårt utan att leva med pressen av att jag måste lyckas, eller att behaga människor. Jag gör det jag är kallad att göra, helt enkelt på grund av att det är vad jag ser Fadern göra. Detta är vad det innebär att arbeta hårt under nåden. Paulus illustrerar vad detta innebar för honom, med följande ord: *"Men genom Guds nåd är jag vad jag är, och hans nåd mot mig har inte varit förgäves, utan jag har arbetat mer än alla de andra – fast inte jag själv, utan Guds nåd som varit med mig"* (1 Kor. 15:10). Det kommer perioder som innebär en hel del hårt arbete, men samtidigt verkar Guds nåd alltid genom oss. Vi lever i hans oförtjänta favör och välsignelse, vilket garanterar tillväxt och fruktbärande.

Aktiveringsövningar

- Vi inledde detta kapitel med att läsa Gal. 4:21-25. Ta tid att läsa detta sammanhang igen tillsammans med Jesus. Börja med att läsa hela texten på en gång. Läs den sedan långsamt och bjud in Jesus att ge dig en djupare insikt in i denna bibeltext. Upprepa detta några gånger. Skriv ner de uppenbarelser du får från Herren.

- I detta kapitel har vi sett att fruktbärande och tillväxt nu har blivit vår förstfödslorätt. Har du en vision av hur ett fruktbärande liv kan se ut för dig? Ta lite tid att drömma om mer frukt och större tillväxt i din kallelse. Bjud in den helige Ande att hjälpa dig. Skriv ner dina visioner av hur ditt liv kommer att se ut sig när du bär frukt som består.

- En av de nyckelverser som visar vägen till ett välsignat liv, fyllt med tillväxt och frukt, finns i Joh. 15:16. Avsätt tid till att läsa och be över denna vers. Inbjud den helige Ande att ge dig än mer uppenbarelse över Jesu ord i den här versen. Skriv ner de insikter du får till dig.

- Ta 20-30 minuter i bön. Be Jesus om att göra dig och din familj fruktbärande. Be honom välsigna varje område i ditt liv med tillväxt och fruktbärande

KAPITEL 16: DET SOM ÄR FÖTT AV KÖTTET

Innan Gud ändrade Saras namn är det tydligt att hon trodde att det var Herren som var orsaken till att hon var ofruktsam. Denna lögn hade blivit så ett med henne, att ofruktsamheten hade blivit hennes identitet. Hon var så desperat att få en arvinge att hon till slut kom på sin en egen plan, för att lösa detta problem som hade plågat henne så svårt. Sara ville att Abraham skulle ge henne ett barn genom Hagar, hennes slavkvinna.

"Abrams hustru Saraj hade inte fött några barn åt honom. Men hon hade en egyptisk slavinna som hette Hagar. Och Saraj sade till Abram: Se, Herren har gjort mig ofruktsam. Gå in till min slavinna. Kanske kan jag få barn genom henne" (1 Mos. 16:1-2).

Detta var givetvis inte Faderns plan för hur Isak skulle födas, och inte heller var det hans vilja att Sara skulle förbli ofruktsam. Den här planen var hennes sätt att försöka göra Herrens vilja i köttet. Sara var bunden till detta beteende, eftersom hon levde med en skambaserad identitet. På den här tiden var det mycket skamfyllt att inte kunna få barn, så Sara agerade både utifrån skam, smärta och desperation. Men att försöka förverkliga Herrens vilja i egen kraft är alltid en dålig idé. Resultatet av Saras plan visade sig bli förödande. Det blir aldrig bra om vi använder köttsliga metoder för att bygga Guds rike. Abraham och Hagar fick visserligen ett barn tillsammans, en liten pojke som fick namnet Ismael. Detta orsakade dock mycket smärta för Abraham och Sara, och denna dåliga plan skapar fortfarande problem för oss i dag.

Det faderlösa hjärtat föder i egen kraft

När vi handlar utifrån vår fallna identitet, kommer det alltid att sluta med att vi går in under lagen. Vi blir då tvungna att arbeta i vår egen kraft för att göra Guds vilja. Detta leder oss in i andligt slaveri, och vi blir då trötta och slitna av att arbeta med en vision som bygger på egen kraft. *"Ordet Hagar står för Sinai berg i Arabien och motsvarar det nuvarande Jerusalem, eftersom det lever i slaveri med sina barn"* (Gal. 4:25). En fallen identitet blir frukten av att vi inte känner vår Far, och därför är den alltid rotad i ett faderlöst hjärta. En faderlös troende är alltid villkorad till att bygga sin plattform och tjänst utifrån sin egen kraft. Eftersom den faderlöse inte har blivit grundad i ett sitt barnaskap, blir dennes arvslott alltid att kämpa sig fram och strida för sina rättigheter. Om vi lever utifrån en faderlös identitet, så kommer det alltid att sluta med en andlig Ismael. Här följer en bra definition av en andlig Ismael: *En andlig Ismael är frukten av våra försök att utföra Guds vilja i egen kraft.*

En andlig Ismael kan vara en andlig tjänst som byggts på köttet. Som en följd av det kommer den inte vara välsignad av Far, och måste därför underhållas i egen kraft. Ett arbete som har blivit fött i köttet kan se bra ut, och Gud kanske också välsignar det till en viss grad, men det kommer aldrig att vara Guds bästa för oss. En andlig Ismael kan också bli frukten av vår egen ansträngning att uppfylla Guds löften på vårt sätt. *"Det som är fött av köttet är kött, och det som är fött av Anden är ande"* (Joh. 3:6). Allt det som är fött av köttet, behöver alltid köttets hjälp för att kunna överleva. Om vi försöker bygga ett andligt verk i mänsklig kraft, kommer det inte finnas någon välsignelse och frukt i det vi gör. Då måste vi underhålla visionen med våra egna resurser, och det kommer beröva oss på Guds frid. Det enda sätt att undvika denna fälla är att bli rotad i det Nya Förbundet, så att vi kan leva i vår identitet i Kristus.

Köttet förföljer det som är fött av Anden

Det som är fött av köttet kan aldrig existera i sann harmoni, med det som är fött av Anden. *"Och som det var då, att han som var född på mänsklig väg förföljde den som var född på Andens sätt, så är det också nu"* (Gal. 4:29). Paulus använde här berättelsen om Isak och Ismael som exempel, för att visa att allt som blivit fött av köttet, alltid kommer förfölja det som är fött av Anden. Detta var precis vad som hände mellan Sara och Hagar. När Hagar blivit gravid med Ismael började hon behandla Sara med hån och förakt. *"Han gick in till Hagar och hon blev havande. Men när hon märkte att hon var havande, började hon förakta sin husmor"* (1 Mos. 16:4). Denna situation skapade ständiga gräl mellan Sara och Abraham. Sara behandlade Hagar så illa, att slavinnan flydde från sin husmor. Herrens ängel visade sig då för Hagar i öknen och befallde henne att återvända till Sara och tjäna henne, vilket hon också gjorde till slut. Herren gav ett löfte till Hagar att även Ismael skulle bli till ett stort folk, men att hans ättlingar skulle leva i ständig konflikt med alla sina bröder (1 Mos. 16:5-12). Detta var en tuff situation för Hagar, men mitt i denna röra så fick hon ett möte med Herren som gav henne mycket tröst. Hon insåg att Herren såg henne och att han fanns där för att vaka över henne (1 Mos. 16:13-14). Detta gav Hagar styrkan att återvända till Abraham och Sara igen, för att där föda Ismael.

Vi vet att Abraham och Sara till slut fick en egen son och arvinge, som fick namnet Isak. Guds löfte blev uppfyllt precis som Herren hade lovat. När Isak fortfarande var ett spädbarn, så hade Ismael redan vuxit upp och blivit tonåring. Ismael hade levt hela sitt liv med vetskapen om att han inte var den utlovade sonen som Gud hade lovat att ge dem. Naturligtvis var detta mycket smärtsamt för Ismael och han bar på ett djupt sår av förkastelse på grund av det. När Isak blev avvand, ställde Abraham till en stor fest för sin son. Smärtan från den förkastelse som fanns i Ismaels hjärta blev uppenbar genom hans öppna hån och förakt gentemot Isak. Sara kom på honom när han hånade Isak. Han behandlade sin broder med samma förakt som hans mor tidigare hade visat emot Sara. *"Barnet växte och blev avvant, och på dagen då Isak avvandes ordnade Abraham en stor fest. Men Sara såg att den egyptiska kvinnans son hånskrattade..."* (1 Mos. 21:8-9). Detta är en tydlig bild av hur det religiösa systemet alltid förföljer det som har blivit fött av Anden. Vanligtvis tar detta sig uttryck som hån, förakt eller i ett religiöst översitteri.

Var och en som har tagit emot en genuin kallelse från Gud till att föda fram en ny vision eller bli pionjär för något nytt i Guds rike, kommer alltid att uppleva förföljelse från det religiösa systemet. De församlingar och tjänster som har byggts på köttet, kommer alltid förfölja de tjänster och visioner som fötts genom ett Andens verk. Det mesta av förföljelse och smärta som vi tvingas att utstå kommer alltid från den religiösa världen, som är präglad av den mänskliga visheten. Jag har under vissa tider fått utstå förföljelse som har involverat både fysiskt våld och dödshot. Men den mest smärtsamma förföljelse jag tvingats utstå, har alltid kommit från kristna bröder och systrar som lever utifrån köttslig styrka. Den som har blivit kallad av Jesus till att föda något nytt i Guds rike, måste också vara förberedda på detta. Följande princip kommer alltid att bestå: *Det som är fött av köttet kommer alltid förfölja det som är fött av Anden.*

Kasta ut slavinnan... och hennes son

Sara reagerade väldigt kraftfullt, när hon upptäckte hur Ismael hånade och förlöjligade Isak. *"Men när Sara såg att den egyptiska kvinnans son hånskrattade, den son som Hagar hade fött åt Abraham, sade hon till Abraham: "Driv ut den där slavinnan och hennes son! Den där slavinnans son ska inte dela arvet med min son, med Isak"* (1 Mos. 21:9-10). Detta var svårt för Abraham att ta det här beslutet. Han älskade sin son Ismael, men Herren befallde då att Abraham skulle lyssna till Saras begäran (1 Mos. 21:11-13). Även om Hagar och Ismael blev förvisade, gav Herren ändå fantastiska löften till Abraham gällande Ismael också. Vi ska komma tillbaka till dessa löften lite senare, men än så länge stannar vi vid det som hände när Hagar och hennes son visades bort.

"Tidigt nästa morgon tog Abraham bröd och en lädersäck med vatten och gav det till Hagar. Han lade det på hennes axlar och lät henne gå tillsammans med pojken. Hon gav sig i väg och irrade omkring i Beer-Shebas öken (1 Mos. 21:14).

Hagar är en bild på det Gamla förbundet, och Ismael är en bild
på den frukt som kommer av lagens gärningar. Det finns bara en
rimlig sak att göra, när vi inser att vi låtit ens något av det Gamla
förbundet och dess frukt att förbli i vårt liv med Herren. Vi måste
driva ut all religion från våra liv! *" Men vad säger Skriften? Driv ut
slavinnan och hennes son, för slavinnans son ska inte ärva tillsammans
med den fria hustruns son. Alltså, bröder, är vi inte barn till slavinnan
utan till den fria hustrun"* (Gal. 4:30-31). Jesus är vår försonare,
men han kommer inte försona det som är fött utifrån köttet. Den
enda rätta reaktionen är att driva ut det. Vi behöver driva ut både
slavinnan och hennes son från våra liv.

Vad är en andlig Ismael?

Ett arbete som har blivit fött i köttet är en tjänst eller något annat
slags verk i Guds rike, som vi har byggt i egen kraft. Det är alltså
frukten av vår religiösa strävan. Om vi vill leva och arbeta utifrån
trons vila, så måste vi driva ut lagiskheten med alla dess uttryck
från våra liv. Ett arbete som vi har byggt i egen kraft kan se ut på
många olika sätt, men det börjar alltid med att vi tillåter det som
är fött av köttet, att prägla vårt liv och tjänst. Här följer nu några
exempel på detta

- *Att låta ett verk, eller tjänst fortgå alltför länge.*
  Ibland kan vi bli ledda att starta ett arbete som var tänkt
  att finnas under en speciell tid. Genom att vi låter detta
  arbete fortgå längre än vad Herren hade tänkt, kan vi bli
  tvungna att arbeta i egen kraft. Det blir så, eftersom Gud
  inte längre välsignar detta arbete. Vi bör lära oss urskilja
  när det är dags att lämna det gamla arbetet, så att vi kan
  leva i takt med Guds vilja.

- *Starta något som inte alls är fött av Gud.*
  Vi bör alltid ledas av den helige Ande, när vi vill bygga
  något i Guds rike. Att starta en ny tjänst eller verksamhet
  bara för att det verkar vara en god idé, gör att vi tvingas

till att vandra i egen kraft, även om vår idé ser ut som ett Herrens verk. Det som är fött av köttet förblir alltid kött, även om det ser ut som ett gott verk. Dessa "goda idéer" kommer vanligtvis sluta med att vi förlorar visionen och blir trötta. Dessa verksamheter blir då en andlig Ismael.

* ***Handla utanför Guds tidtabell.***
  Ett annat sätt att föda fram ett köttsligt verk, är att agera i otakt med Guds tidtabell. Isak och Jesus föddes båda i Guds tid (1 Mos. 21:2, Gal. 4:4). Ismael däremot, föddes som ett resultat av Saras försök att göra Guds vilja i egen kraft. Hon agerade inte i Guds tid. Detta visar att vi kan ta emot sanna löften från Gud, men om vi agerar utanför hans tidtabell, kommer det ändå sluta med att vi arbetar i egen kraft.

Dessa exempel visar på hur ett arbete kan födas genom vårt kött. De verksamheter som vi har skapat i egen kraft, har alltid en sak gemensamt: *De kommer stjäla vår tid, energi och glädje.* De tjänster som har blivit födda i egen kraft kan ofta verka imponerande och fruktbärande, men de saknar andligt liv. Det finns ingen nåd från Gud till att hålla den typen av arbete i gång. Om vi har byggt en tjänst eller en vision i köttet, måste vi omvända oss och låta dessa arbeten dö och begravas. Vi behöver driva ut all religion från vårt liv och tjänst. Vi behöver vishet och urskiljning från Jesus för att vi skall se skillnaden, mellan det som är av Anden eller köttet.

Välsignelsen av ödmjukhet

Det behövs mycket ödmjukhet för vi ska kunna inse att vi försökt driva ett arbete som har fötts i köttet. När vi ger upp vår prestige och låter sådana arbeten dö, kommer Gud att ära vår ödmjukhet genom att förlösa ännu mer nåd och favör i vårt liv. *"Men större är nåden som han ger. Därför heter det: Gud står emot de högmodiga men ger nåd åt de ödmjuka... Ödmjuka er inför Herren, så ska han upphöja er"* (Jak. 4:6, 10).

Även om det smärtsamt att inse att vi har försökt bygga ett arbete i egen kraft, så kommer denna insikt lära oss ödmjukhet. Jag har fått lära mig denna läxa många gånger genom åren. Flera gånger har jag tvingats inse att några av de idéer jag var övertygad om kom från Gud, mest hade att göra med mitt eget önsketänkande och prestige. Andra gånger var mina idéer från Herren, men mitt sätt att jobba med dem var fel. Detta har lärt mig betydelsen av omvändelse och ödmjukhet. Att ödmjuka sig inför Jesus öppnar en dörr för mer av Guds favör och välsignelse. Eftersom ett liv i ödmjukhet är vägen till att få tag på Guds nåd och favör, kommer det att leda till ännu mer välsignelse och genombrott än någonsin förut. Vår Gud är en god och generös Far!

Aktiveringsövningar

- På grund av att Sara övertalade Abraham att förverkliga Guds löften i egen kraft föddes Ismael. Har du någonsin varit i en liknande situation, då du har försökt fullborda Herrens vilja i din egen kraft och därmed fött en Ismael? Vilka lärdomar kunde du dra utifrån dessa misstag? Ta lite tid att processa detta och bjud in den helige Ande att tala till dig om detta. Skriv ner de lärdomar du tar emot.

- Det finns två bibelställen som är bärande i detta kapitel. Dessa beskriver hur köttet alltid förföljer det som är fött av den helige Ande:

  1. *"Och som det var då, att han som var född på mänsklig väg förföljde den som var född på Andens sätt, så är det också nu"* (Gal. 4:29).

  2. *"Det som är fött av köttet är kött, och det som är fött av Anden är ande"* (Joh. 3:6).

  Ta tid att reflektera och be över dessa verser. Be Fadern om en djupare insikt i dessa sanningar, så att du kan lära dig urskilja mellan Andens verk och köttets gärningar. Skriv ner de insikter du får tag på.

- Ta 20-30 minuter i bön. Om du har kommit fram till att du har fött fram ett köttsligt verk, så omvänd dig då och överlåt dem till Gud. Be den helige Ande uppenbara hur du har förtröstat på köttet, och be honom befria dig från alla köttsliga strategier.

- Ta tid i förbön för Kristi kropp. Be Jesus rena sin kropp från köttsliga strategier och allt vi har byggt i egen kraft. Be honom ge oss vishet och nåd, så att vi kan bygga upp andliga tjänster som är födda av den helige Ande.

KAPITEL 17: GUD RÄKNAR MED VÅR DUMHETSFAKTOR

Vi har tidigare i denna bok studerat Galaterbrevet 4, genom den allegoriska lins som Paulus använde där. Hagar blev då en bild på det Gamla förbundet, medan Ismael användes som en bild på det vi har fött i köttet. Han representerar våra missriktade försök att göra Herrens vilja i egen kraft. Detta ger oss viktiga lärdomar om hur all tjänst i Guds rike måste vara fött av Anden. Allt som Gud gör i det Nya Förbundet är ett verk av bara nåd, genom den helige Andes kraft. De goda nyheterna är att Gud har tagit med vår dumhetsfaktor i beräkningen, när han utformade sin plan för våra liv. Vår Fader har en plan klar för att rädda och upprätta oss från alla våra köttsliga misstag. Detta är ämnet för detta kapitel.

Hagars och Ismaels perspektiv

Om vi ser på denna historia utifrån Hagars perspektiv, så kan vi konstatera att hon blev behandlad på ett fruktansvärt sätt. Hagar var Saras slavinna och hon hade varken rättigheter eller frihet att välja i denna situation. Sara beslöt att ge Hagar till Abraham, av den enda anledningen att hon skulle ge dem en son och arvinge. Hagar hade ingen möjlighet att säga nej till Saras befallning. Det innebar att hon i praktiken var tvungen att ligga med Abraham, för att ge dem en son som skulle tillhöra Sara. Det är därför lätt att förstå varför Hagar kände så mycket förakt och ilska mot Sara och den situation hon tvingades leva i. Spänningen dem emellan blev så stark att Hagar insåg att hon måste fly, för att slippa bli så illa behandlad av sin husmor (1 Mos. 16:7). Guds ängel måste gå efter henne. *" Han sade: 'Hagar, Sarajs slavinna, varifrån kommer du och vart går du'? Hon svarade: 'Jag är på flykt från min husmor Saraj'. Då sade Herrens ängel till henne: 'Gå tillbaka till din husmor och ödmjuka dig under henne'"* (1 Mos. 16:8-9). Hon lydde ängelns befallning och återvände till den hårda verklighet det innebar att vara tjänarinna i Abrahams hushåll. När Ismael sedan växte upp, insåg han att han aldrig någonsin skulle bli den sanna arvingen. Hans födelse var det pinsamma resultatet av Saras misstag. Han förstod också att Isak, hans yngre halvbror, var den son och den rättmätige arvinge som Gud hade lovat Abraham. Ismael skulle däremot växa upp som en faderlös man som aldrig hade varit sin pappas första val. När vi ser på den här historien ur Hagars och Ismaels perspektiv, är det lätt att förstå varför de bar på all denna bitterhet och förakt, både gentemot Sara och Isak. De tvingades uthärda en extremt orättvis och smärtsam behandling.

Ett hjärtskärande ögonblick och en gudomlig räddning

En av de allra mest hjärtskärande händelser som återges i Bibeln, handlar om Hagars smärta och förtvivlan. Jag syftar på det som hände när Hagar och Ismael hade blivit förvisade från Abrahams läger och hamnade i Beer-Shebas öken. När deras vatten tog slut, blev situationen så hopplös att Hagar gav upp och trodde att de skulle dö. Känn på smärtan och desperationen i Hagars ord här:

"När vattnet i lädersäcken hade tagit slut, övergav hon pojken under en buske och gick och satte sig en bit bort, på ett bågskotts avstånd. Hon tänkte: 'Jag orkar inte se på när pojken dör'. Där satt hon en bit bort och grät högljutt" (1 Mos. 21:15-16).

Trots att jag själv är förälder, kan jag inte föreställa mig smärtan och hopplösheten jag skulle ha känt, om jag tvingades att se mina barn gå igenom något så fruktansvärt. Men trots att Ismael hade blivit förkastad av sin pappa, så hade Gud aldrig glömt honom. Vår Fader är: *"... de faderlösas fader och änkornas försvarare, Gud i sin heliga boning. Gud ger de ensamma ett hem och de fångna frihet och lycka"* (Ps. 68:6-7). Jesus lämnar oss aldrig faderlösa. Vår Far hör ropen från de bortglömda och förkastade. Herren hörde Ismaels rop efter hjälp. *"Då hörde Gud pojkens röst, och Guds ängel ropade till Hagar från himlen och sade till henne: 'Hur är det, Hagar? Var inte rädd! Gud har hört pojkens rop där han ligger. Gå och res upp honom och ta hand om honom. Jag ska göra honom till ett stort folk'"* (1 Mos. 21:17-18). Herren öppnade sedan Hagars ögon så att hon fann en ny källa med fräscht vatten, där de kunde dricka och få nytt liv (1 Mos. 21:19). De blev räddade genom ett mirakel av Guds nåd. Det är ganska troligt att Gud skapade ett gudomligt källsprång med vatten i öknen och visade det för Hagar. Herren är verkligen de svagas försvarare och de faderlösas Fader!

Att växa upp som en faderlös och åsidosatt son

Det finns något extremt tragiskt med Ismaels historia. Han hade alla odds emot sig redan från födseln. Han skulle aldrig få bli den utvalde arvingen, och han var inte den son som Gud hade lovat att ge Abraham och Sara. Ismaels liv skulle präglas av både strid och förkastelse. Gud talade dessa ord angående Ismael: *"Han ska vara som en vildåsna. Hans hand ska vara mot alla och allas hand mot honom. Och han ska bo mitt emot alla sina bröder"* (1 Mos. 16:12). Den faderlöses liv präglas av ständiga strider och konflikter. Den faderlöse blir tvungen att bygga sitt eget arv och identitet. Detta var anledningen till all den konflikt och strid som omgav Ismael. Att han levde i fiendskap med sina bröder, innebar att han alltid var förkastad av dem. Han var inte välkommen i sin faders hus.

Jag har mött många troende som har liknande erfarenheter. De upplever det som att de har förkastats av sina andliga föräldrar. Andra har fått utstå ständig förkastelse från sina församlingar, eller andliga ledare. Det kan bero på att deras andliga tjänst eller vision inte har bekräftats, eller att deras upplevelser av Jesus inte passade in i den församlingens tradition. Många är de pionjärer och visionärer i Kristi kropp som nu bär på djupa sår, eftersom de har blivit övergivna av andliga ledare. Dessa kunde inte förstå och stötta den kallelse som dessa visionärer har burit. Eftersom smärtan plågar dem så illa, lever de ett liv av strid och konflikter.

De behöver bli upprättade, genom att uppleva bekräftelsen och kärleken från vår himmelske Fader, som längtar efter att ge dem en stor kram ifrån himmelen. Det är viktigt att vi inser att Gud är de faderlösas Fader. Han har en speciell omsorg och medlidande med dem som har blivit övergivna av sina fadersgestalter. Detta kan tillämpas på en andlig nivå också. De av oss som har blivit förkastade av andliga ledare, kan få uppleva faderskärleken från vår himmelske Fader på ett speciellt sätt, så att såren kan få läkas. Han kommer att uppliva vår vision och ge tillbaka allt det som djävulen har stulit från oss. Vår Fader vill öppna ögonen på alla de faderlösa som åkallar honom, så att de kan finna källflödet av Faderns kärlek. Där kommer den faderlöse visionären att få tag på nya visioner och drömmar, och helt och fullt uppresas till ett sant barnaskap. Detta visar oss på Faderns hjärta på ett kraftfullt sätt. Han kommer aldrig någonsin att lämna oss, eller ge upp om oss. Gud måste verka med Isak för att fullfölja sin frälsningsplan, men han hade också en underbar plan för Hagar och Ismael.

En ny människa i Kristus

De goda nyheterna är att i Kristus har denna splittring blivit läkt. Jesus bröt ner alla skiljemurar mellan Ismael och Isak, genom sitt försoningsverk på korset. Alla vi som är i Kristus har nu blivit Abrahams utvalda och välsignade barn. Vi är en ny människa i Kristus.

"Han är vår frid, han som har gjort de två till ett och rivit skiljemuren, fiendskapen. I sin kropp har han satt lagen ur kraft med dess bud och stadgar, för att i sig själv göra de båda till en enda ny människa och så skapa frid" (Ef. 2:14-15).

Det finns nu inte längre någon egentlig skillnad mellan judar och hedningar i Kristi kropp. Vi är nu Guds Israel, och har blivit hans eget rike av präster och kungar. *"Det har ingen betydelse om man är omskuren eller oomskuren, det viktiga är att vara en ny skapelse. Frid och barmhärtighet över dem som följer denna regel, och över Guds Israel"* (Gal. 6:15-16). När vi blev födda på nytt blev vi en del av Faderns familj och vi är rättmätiga arvingar till alla hans löften. I vår Fars familj finns det inga murar som åtskiljer (Gal. 3:26-29). Som troende är vi Abrahams avkomlingar, och vi ärver alla Guds välsignelser. Ingen kan längre säga sig äga Faderns löften genom deras fysiska härkomst. Jesus brutit ner varje mur som skiljer och vi har blivit arvingar genom den nya födelsen. Eftersom vi nu är i Kristus har vi fått del av alla Guds löften.

"Alla som härstammar från Israel är nämligen inte Israel, och alla Abrahams avkomlingar är inte hans barn. Nej, det är genom Isak din avkomma ska räknas. Det vill säga: det är inte de köttsliga barnen som är Guds barn, utan löftets barn räknas som hans avkomlingar" (Rom. 9:6-8).

Fadern kommer också att välsigna vår Ismael

Det är viktigt att komma ihåg att trots att Gud befallde Abraham att förvisa Hagar och Ismael, så gav han Ismael ett antal mycket kraftfulla löften. Herren lovade att göra ett stort folk av Ismael, och att välsigna honom. Detta är de ord Herrens ängel talade till Hagar angående hennes son:

"Jag ska göra dina efterkommande så talrika att man inte kan räkna dem. Sedan sade Herrens ängel till henne: "Se, du är havande, och du ska föda en son. Du ska kalla honom Ismael, för Herren har hört hur du har lidit. Han ska vara som en vildåsna. Hans hand ska vara mot alla och allas hand mot honom. Och han ska bo mitt emot alla sina bröder" (1 Mos. 16:10-12).

När Herren ändrade Abrahams och Saras namn så talade han till dem om Isaks födelse. Under det samtalet gav han också följande löften gällande Ismael: *"Men också när det gäller Ismael har jag hört din bön. Jag ska välsigna honom och göra honom fruktsam och föröka honom mycket. Han ska bli far till tolv hövdingar, och jag ska göra honom till ett stort folk"* (1 Mos. 17:20). Tredje gången Gud gav ett löfte gällande Ismael var under den tragiska situationen de fick vara med om i Beer-Shebas öken, då Herren lyssnade till Ismaels rop på hjälp. När Fadern räddade dem, uppmuntrade han Hagar med följande ord: *"Då hörde Gud pojkens röst, och Guds ängel ropade till Hagar från himlen och sade till henne: "Hur är det, Hagar? Var inte rädd! Gud har hört pojkens rop där han ligger. Gå och res upp honom och ta hand om honom. Jag ska göra honom till ett stort folk"* (1 Mos. 21:17-18). Än en gång uttryckte Gud sin plan att göra Ismael till ett stort folk. Detta är Guds nåd i aktion!

Han låter allt samverka till det bästa... även vår Ismael

När vi erkänner att vi har handlat enligt köttet, kommer Herren att frälsa vår Ismael, och använda den till att fullborda sin vilja i våra liv. Han söker alltid efter vägar att överösa oss med all sin barmhärtighet och nåd. Vi har redan har sett hur Herren tar med vår dumhetsfaktor i beräkningen när han jobbar på våra liv. Han har alltid en plan redo för att försona alla våra misstag. *"Vi vet att allt samverkar till det bästa för dem som älskar Gud, som är kallade efter hans beslut."* (Rom. 8:28). Ödmjukhet kan bära oss en lång väg på vår resa med Jesus. Om vi är villiga att ödmjuka oss själva och erkänna att vi gjort misstag, kommer han att försona våra felsteg och skapa skönhet i stället för aska.

Aktiveringsövningar

- I detta kapitel har vi sett på Abrahams och Isaks historia, men utifrån Hagars och Ismaels perspektiv. Tänk dig in i denna historia, utifrån deras perspektiv. Försök fånga deras smärta och kamp i allt detta. Medan du reflekterar över deras historia, kan du be att Fadern ger dig än mer insikt i deras perspektiv. Skriv ner de insikter du får.

- Vi läser om hur Ismael växte upp som en faderlös, som visste att han inte var den utlovade sonen. Han var född till att förlora. Har du någon erfarenhet av faderlöshet? Har du någonsin blivit förkastad av de människor som du har sett upp till? Hur har dessa erfarenheter format ditt liv? Ta dig tid att fundera över detta inför Fadern. Be honom hela varje sår av förkastelse i ditt hjärta.

- Gör en lista över dina misstag som har lett till att du har byggt något i egen kraft. Be din Fader återlösa dem, och bjud in honom till att uppenbara hur ett köttsligt verk som har blivit återlöst ser ut. Gud låter allting samverka till det bästa för oss!

- Ta 20-30 minuter i förbön för Kristi kropp. Be honom att återlösa våra köttsliga misstag, och fylla dem med nytt liv. Be honom visa hur vi ska samarbeta med honom, så att det kan ske. Om du tar emot ett profetiskt ord eller en syn till Kristi kropp angående detta, så bevara den i ditt hjärta och skriv ned den.

- Ta litet tid att be över det profetiska ord som du tog emot under föregående punkt. Be Herren visa dig hur du ska förvalta det. Ska du dela det med vänner, eller publicera det på sociala medier? Eller kanske bara be över det? Följ hans ledning så snart du kan.

KAPITEL 18: VÄNSKAP OCH INFLYTANDE MED HERREN

Efter att Abraham hade ingått förbundet med Herren och fått sitt nya namn, så visste han att han var Guds vän. Abraham levde i djup vänskap med Herren långt innan det Nya Förbundet ännu hade blivit instiftat, och han kallas för Guds vän på flera ställen i Bibeln. *"Så uppfylldes Skriften som säger: Abraham trodde Gud, och det tillräknades honom som rättfärdighet, och han kallades Guds vän"* (Jak. 2:23). Abraham hade en sådan djup närhet till Gud, att han kunde leva i några av Nya Förbundets verkligheter, långt innan de hade blivit befästa i Kristus. Den djupa vänskap som Herren delade med Abraham, påverkade hans handlande med Israel i flera århundraden efter Abrahams död. *"Var det inte du, vår Gud, som fördrev detta lands invånare för ditt folk Israel och gav landet åt din vän Abrahams efterkommande för evig tid?"* (2 Krön. 20:7).

Gud har alltid velat att hans folk ska leva i en nära vänskap med honom. Abraham ger ett underbart exempel på detta för oss. Det är otroligt fascinerande hur människor som Abraham, David och Henok hade en så nära gemenskap med Gud, att de levde i den nya skapelsens verkligheter redan under sin livstid. Detta var ju många hundra år innan Jesus hade instiftat det Nya Förbundet genom sitt blod. Henok levde i en så intim vänskap med Gud, att han blev uppryckt till himlen innan han dog:

"När Henok var 65 år blev han far till Metushela. Och sedan Henok hade fått Metushela vandrade han med Gud i 300 år och fick söner och döttrar. Henoks hela ålder blev alltså 365 år. Sedan Henok så hade vandrat med Gud fann man honom inte mer, för Gud hade hämtat honom" (1 Mos. 5:21-24).

Herren ville ha Henok hos sig hela tiden, så han tog honom helt enkelt med sig hem till sin boning i den himmelska världen. Han är vår föregångare, som sätter ett exempel för hur betydelsefull och kraftfull en intim relation med Kristus kan bli. Faktum är att vi i det Nya Förbundet, nu kan vandra i en ännu djupare vänskap med Kristus, eftersom vi har blivit en ande med honom (1 Kor. 6:17). Jesus bor i oss och vi har en direkt förbindelse med honom hela tiden. Vi är hans vänner!

Gud delar sitt hjärta med Abraham

En dag medan Abraham satt vid ingången till sitt tält och vilade under dagens hetta, kom några mycket ovanliga gäster på besök. Gästerna hade med sig goda nyheter till Abraham, men också en mycket allvarlig sådan.

"Herren uppenbarade sig för Abraham vid Mamres terebintlund, där han satt vid tältöppningen när dagen var som hetast. Han såg upp, och se, tre män stod framför honom. När han fick syn på dem, skyndade han ut från tältöppningen för att möta dem. Han bugade sig till jorden" (1 Mos. 18:1-2).

Abraham fick ett personligt besök av Herren. Det finns ett antal texter i Gamla testamentet, där det verkar som att Jesus valde att uppenbara sig, innan han föddes in i den här världen. Detta kan ha varit ett sådant tillfälle. Långt senare, under en av de många konfrontationer Jesus hade med de religiösa ledarna, så förklarar Jesus för dem att Abraham såg hans dag: *"Abraham, er far, jublade över att få se min dag. Han såg den och gladde sig. Judarna sade: 'Du är inte femtio år än, och Abraham har du sett'! Jesus svarade: 'Jag säger er sanningen: Jag Är, innan Abraham fanns"* (Joh. 8:56-58). Abraham bar på en djup uppenbarelse av Jesus redan under sin livstid. Att Abraham hade sett Kristi dag, innebar att han redan kände Jesus, om så bara till en viss grad. Att se Kristus som han verkligen är, kommer att skapa en längtan i våra hjärtan att känna honom mer.

Allt som har sant värde i vår relation med Jesus, börjar alltid med en uppenbarelse av hans hjärta.

Detta besök av Herren var mycket betydelsefullt. Vi har tidigare läst om hur Gud vid ett antal tillfällen hade talat till Abraham om Isaks födelse, deras löftesson som skulle få ärva alla Guds löften. Det var under detta besök som Gud berättade för Abraham att Isak skulle födas inom ett år. Det var även vid detta tillfälle som Sara skrattade i otro (1 Mos. 18:9-15). Du minns säkert att vi har studerat detta tidigare i den här boken. I detta kapitel ska vi titta närmare på vad som hände direkt efter denna konversation.

Herren avslöjar sina hemligheter för sin vän

Efter att de hade ätit tillsammans, reste sig Abrahams gäster för att gå vidare till Sodom. Abraham följde med en bit på vägen, för att säga farväl och skiljas från dem. Vid detta tillfälle ger Herren en glimt av hur mycket han värderar sann vänskap med oss. *"Då sade Herren: 'Kan jag dölja för Abraham vad jag tänker göra? Abraham ska ju bli ett stort och mäktigt folk, och i honom ska jordens alla folk bli välsignade'"* (1 Mos. 18:17-18). Herren betraktade Abraham som en så nära vän att han inte ville dölja sina planer för honom. Men vänskap med Herren kan gå ännu djupare än att bara känna till Guds hemligheter. Abraham kunde vara med och påverka Guds plan, när han delade sitt hjärta med Herren i bön.

Herren lyssnar på Abraham

Innan Herren lämnade Abraham för att bege sig ned till Sodom och Gomorra delade han sina tankar, om dessa båda ogudaktiga städer, med Abraham. *"Sedan sade Herren: 'Ropet över Sodom och Gomorra är starkt och deras synd är mycket svår. Därför tänker jag gå ner och se om de har gjort så som i ropet som har nått mig. Om det inte är så, vill jag veta det'"* (1 Mos. 18:20-21). När Gud delade sin plan för Sodom och Gomorra med Abraham, frågade han genast om Herren verkligen tänkte förgöra även de rättfärdiga, tillsammans med de ogudaktiga invånarna i dessa båda städer (1 Mos. 18:22-24). Sedan förklarar Abraham för Gud att det skulle vara en dålig idé att göra på det sättet:

"Det vare dig fjärran att göra något sådant, att låta den rättfärdige dö med den ogudaktige. Det skulle då gå med den rättfärdige som med den ogudaktige. Det vare dig fjärran! Skulle inte han som är hela jordens domare göra det som är rätt?" Herren sade: "Om jag finner femtio rättfärdiga inne i Sodom, skall jag skona hela platsen för deras skull" (1 Mos. 18:25-26 SFB98).

Herren var överens med Abraham, och lovade att skona städerna om han fann femtio rättfärdiga personer där. Det finns kraft i vår förbön att influera både Guds hjärta och plan. Abraham stannade inte vid femtio rättfärdiga. I stället fortsatte han be om att Herren skulle skona städerna om det fanns fyrtiofem, fyrtio eller trettio rättfärdiga i staden. Herren godtog Abrahams böner hela vägen. Abraham fortsatte därför vädja till Gud att skona staden, om det ens skulle finnas tjugo rättfärdiga där. Abraham fortsatte sedan hela vägen ned till tio personer. (1 Mos. 18:22-33). Herrens hjärta rördes av Abrahams vädjanden.

Sodom och Gomorron ödelades

Tråkigt nog kunde Gud inte hitta ens tio rättfärdiga i Sodom och Gomorra. Därför förgjorde Herren dessa städer genom ett regn av eld och svavel (1 Mos. 19:23-29). Dessa två städer har alltsedan dess blivit en symbol för hur det kommer att gå för den som går förlorad. Detta var ett mycket tragiskt och allvarligt tillfälle. Jag har ofta undrat vad Abraham kände och tänkte, när han vaknade följande morgon och insåg vad som hade hänt.

"Tidigt nästa morgon gick Abraham till den plats där han hade stått inför Herren och såg ner över Sodom och Gomorra och hela slättlandet. Då såg han rök stiga upp från landet, som röken från en smältugn (1 Mos. 19:27-28).

Åsynen av dessa förstörda städer måste ha varit en fruktansvärd syn. Abraham tänkte säkerligen på sin brorson, när han blickade ut över ödeläggelsen. Lot hade valt den dal där dessa städer var belägna, som sin del av landet.

Lot skonades på grund av Guds förbund med Abraham

Abraham behövde inte oroa sig för Lot. Gud visste att Abraham ville rädda Lot. *"När Gud ödelade städerna på slätten tänkte han på Abraham och lät Lot komma undan förödelsen, när han omstörtade städerna där Lot hade bott"* (1 Mos. 19:29). På grund av sin vänskap med Abraham så räddade Herren Lot från att förgås tillsammans med dessa ogudaktiga städer, men Lot och hans familj led ändå svåra förluster. Trots att Lot och hans döttrar räddades, förlorade han sin fru och döttrarna förlorade sina män i ödeläggelsen, när dessa städer förstördes. En annan tragisk konsekvens av att de hade valt att bo i Sodom, var att de hade påverkats av ondskan i denna ogudaktiga stad. Lots familj blev orenad och influerad av ogudaktigheten i Sodom (Luk. 19:15-38). De bröts ned av det liv de levde i staden. Lots två döttrar såg dessutom till att deras far blev berusad, och sedan låg de med honom för att få barn. Den enda goda nyheten mitt i all denna bedrövelse, var att de faktiskt hade överlevt.

Lot och hans döttrar blev räddade på grund av Abrahams djupa vänskap med Herren. Att vara en Guds vän, kommer att påverka alla dina relationer på ett mycket djupgående sätt. Det finns en försonande kraft och nåd i vår relation till Gud, som kommer att gynna våra nära och kära. Jag undrar vad som kunde ha hänt om Abraham sträckt sig ännu lite längre i sin begäran. Det är ju inte otroligt att tänka sig att dessa städer kunde ha skonats.

Vi är Kristi vänner

Att Jesus vill dela sitt hjärtas hemligheter med oss är kärnan i vår vänskap med Gud. Jesus uttryckte hur han vill dela allt det han hör från Fadern med sina vänner. *"Jag kallar er inte längre tjänare, för tjänaren vet inte vad hans herre gör. Jag kallar er vänner, för jag har låtit er veta allt som jag hört av min Far"* (Joh. 15:15). För Jesus är detta det ultimata tecknet på sann vänskap. När vi gensvarar till Jesu inbjudan att vara hans vänner, kommer våra liv även göra påtagliga avtryck på människor runt omkring oss. Att leva i en intim vänskap med Jesus, kommer att förlösa Guds närvaro och dra människor hem till Fadern. I praktiken innebär detta att det är evangelisation att låta sig genomsyras av Guds närvaro.

Om vi inte har egen erfarenhet av detta, kan vi underskatta hur mycket en vän till Kristus kan påverka denna värld. Abraham är antagligen ett av de bästa exemplen på detta. Vi är Kristi vänner och våra böner påverkar Guds hjärta. Detta innebär att vi kan ha ett starkt inflytande på den här världen och i Kristi kropp, genom våra böner. Här ser vi Jesu ödmjukhet. Han är beredd att lyssna till oss när vi delar vårt hjärta med honom. Genom förbön kan vi koppla ihop med honom och utbreda Guds rike. Jesus har också lämnat delar av framtiden öppen till att bli påverkad av våra val. Vi kan bli delaktiga i att bestämma utgången av vissa händelser i Guds plan. Detta visar hur mycket Jesus litar på sina vänner!

Förbön för Kristi kropp

Abraham visar oss en viktig aspekt av vad det innebär att vara Herrens vän, när han ber för de rättfärdiga som möjligen fanns kvar i Sodom och Gomorra. Han bad att de skulle bli frälsta från ödeläggelsen av dessa städer. Detta är precis det Jesus gör för oss just nu i den himmelska världen. Han ber för oss. *"Vem är det som fördömer? Kristus Jesus är den som har dött, ja, än mer, den som blivit uppväckt och som sitter på Guds högra sida och vädjar för oss"* (Rom. 8:34). Jesus är vår överstepräst, som alltid ber för oss att Faderns planer och syften ska uppfyllas i våra liv. Som Jesu Kristi vänner är vi kallade till att göra samma sak. Ett liv i bön och förbön visar på ett Kristuslikt hjärta.

Jag har för länge sedan insett att det aldrig är tillräckligt att bara jag och min familj är välsignade. Vi behöver hela Kristi kropp för att kunna leva i det Nya Förbundets fulla välsignelse och styrka. Detta är enda vägen till att kunna fullborda missionsbefallningen och till att bli allt Gud kallat oss att vara. Tills allt detta har skett, behöver vi be för hela Kristi kropp, vilket är precis vad Jesus gör nu. Därför är ett Kristuslikt hjärta uppfyllt av förbön. *"Därför kan han också helt och fullt frälsa dem som kommer till Gud genom honom, eftersom han alltid lever för att be för dem"* (Hebr. 7:25).

Nya Förbundets världsbild

I det Nya Förbundet skiljer sig Faderns handlande med världen väldigt mycket, jämfört med hur han agerade i Gamla förbundet. Detta beror på att Jesus tog bort världens synder genom sitt verk på korset. Fadern tillräknar inte längre människor deras synder. *"Och allt kommer från Gud, som har försonat oss med sig själv genom Kristus och gett oss försoningens tjänst. Gud var i Kristus och försonade världen med sig själv. Han tillräknade inte människorna deras överträdelser, och han har anförtrott oss försoningens ord"* (2 Kor. 5:18-19). Vår Fader dömer inte längre världen på samma sätt som han gjorde med Sodom och Gomorra. I stället vill han att de ogudaktiga städer som finns i vår värld ska bli förvandlade och frälsta, genom kraften i de goda nyheterna om Jesus.

Jesus delade med oss hur detta kunde gå till. *"Ve dig, Korasin! Ve dig, Betsaida! För om kraftgärningarna som gjorts hos er hade gjorts i Tyrus och Sidon, skulle de för länge sedan ha omvänt sig i säck och aska"* (Matt. 11:21). Tyrus och Sidon var båda mycket ogudaktiga städer. Men Jesus förklarar här, att om någon hade gått till dessa städer för att predika evangeliet, och betjäna i den helige Andes kraft så skulle dessa städer ha vänt om. Sedan nämner Jesus båda Kapernaum och Sodom som samma sorts städer. Han påstår att båda dessa städer kunde ha blivit räddade på detta sätt. *"Och du, Kapernaum, ska du kanske bli upphöjd till himlen? Nej, du ska ner i helvetet. För om kraftgärningarna som gjorts i dig hade gjorts i Sodom, skulle det ha stått än i dag"* (Matt. 11:23). Jesus visar oss att nyckeln till dessa ogudaktiga städers frälsning, finns i att någon reser dit för att predika evangelium i den helige Andes kraft. Tecken och under kommer att öppna även de mörkaste städerna på jorden för evangeliet. Vi har aldrig blivit kallade till att be Gud döma människor eller nationer, i den här världen. Jakob och Johannes föreslog att Gud skulle göra detta i Samarien, men Jesus gav dem då en skarp tillrättavisning.

"När lärjungarna Jakob och Johannes såg det, sade de: 'Herre, vill du att vi ska kalla ner eld från himlen som förtär dem'? Men Jesus vände sig om och tillrättavisade dem. Och de gick vidare till en annan by" (Luk. 9:54-56).

I det Nya Förbundet är vi kallade att predika de goda nyheterna om Jesus med tecken och under, så att människor kan få nytt liv och bli frälsta. Vår Fader längtar efter att föra alla sina förlorade barn hem igen. Han vill samarbeta med oss i att utföra detta. Vi behöver aldrig vädja till Gud om att skona nationer och städer. Det kommer ingen dom från himlen i det Nya Förbundet. Fadern har i denna tid bara nåd och frälsning att ge till den här världen. Låt oss predika evangeliet och samarbeta med Jesus, för att föra de mest ogudaktiga och mörka städerna tillbaka hem till Fadern, genom Jesus Kristus

Aktiveringsövningar

- Abraham är ett exempel när det gäller att vara Guds vän.
  I det Nya Förbundet är vi Kristi vänner. Hur påverkar
  detta din identitet och relation med Jesus? Ta lite tid att
  reflektera och be över detta. Bjud in den helige Ande att
  ge dig mer insikt i din vänskap med Jesus. Skriv ner varje
  ny lärdom du får till dig.

- Vi såg hur kärnan till vänskap med Jesus är att han delar
  sina hemligheter med oss. Inbjud Jesus att dela sitt hjärta
  med dig just nu. Skriv ner det han visar dig. Men bevara
  dessa hemligheter i ditt hjärta.

- En viktig del av vår vänskap med Jesus är att leva i bön
  och ha en förebedjares hjärta. Ta 20-30 minuter i bön. Be
  Fadern fylla ditt liv med en smörjelse för bön och förbön.
  Be honom att forma en förebedjares hjärta i dig, och rena
  ditt hjärta från alla anklagelser och fördömelser.

- I det Nya Förbundet dömer Gud inte längre städer eller
  nationer på det sätt han gjorde i det Gamla förbundet.
  Jesus tog alla världens synder på korset, och försonade
  hela mänskligheten med Gud. Vi kan se detta genom att
  studera följande bibelverser:

  1. *2 Kor. 5:17-21*
  2. *Joh. 1:29, 36*
  3. *1 Joh. 2:1-2*

  Läs dessa verser och bjud in Jesus att ge dig mer insikt i
  de sanningar som finns där. Skriv ner vad han visar dig.

- Ta 20-30 minuter i bön. Be för världens städer utifrån det
  löfte Jesus gav, gällande hur under och tecken öppnar de
  omoraliska städerna i världen för de goda nyheterna om

Jesus. Be att Herren reser upp missionärer till att predika evangeliet med under och tecken i dessa städer, så att de kan bli frälsta. Be Fadern om en stor skörd av själar in i Guds rike, från de allra mörkaste och mest ogudaktiga städerna i världen.

KAPITEL 19: BEREDD ATT OFFRA LÖFTET

Det finns en mycket uppmärksammad händelse i Abrahams liv med Herren, som vi inte tagit upp i denna bok hittills, men vi ska ägna det här kapitlet åt att studera den. Denna händelse är en profetisk bild av Kristi fullbordade verk. Det är också en bild av en andlig princip, som vi förr eller senare måste lära oss i vårt liv med Jesus. Hebreerbrevet beskriver denna händelse på följande sätt, i det välkända kapitlet om troshjältarna:

"I tron bar Abraham fram Isak som offer när han blev satt på prov. Sin ende son bar han fram, trots att han hade fått löftena och Gud hade sagt till honom: Det är genom Isak din avkomma ska räknas. Abraham räknade med att Gud hade makt att till och med uppväcka från de döda, och därifrån återfick han honom också, bildligt talat" (Hebr. 11:17-19).

Den händelse som beskrivs i detta sammanhang har gjort många troende förvirrade, och fått dem att undra över vad det var som egentligen hände. Abraham hade äntligen fått sin efterlängtade son och arvinge, men plötsligt befaller Gud honom att offra Isak på Moria berg.

Ett lydnadstest

Det är inte så svårt som man kan tro att förstå vad Herren gjorde här. I själva verket förklarar Bibeln Guds avsikt med detta på ett enkelt och tydligt sätt. Detta var Herrens sätt att pröva vad som fanns i Abrahams hjärta:

"En tid därefter satte Gud Abraham på prov. Han sade till honom: "Abraham´´! Han svarade: Ja, här är jag´. Då sade han: 'Ta din son Isak, din ende son som du älskar, och gå till Moria land och offra honom där som brännoffer på ett berg som jag ska visa dig" (1 Mos. 22:1-2).

Gud ville veta vad som var viktigast för Abraham. Därför testade Herren hans hjärta, för att få veta om deras vänskap fortfarande var det viktigaste i Abrahams liv. Alla troende kommer förr eller senare att prövas på ett liknande sätt. När vi gensvarar till Guds kallelse, så kommer hans löften förr eller senare att bli uppfyllda i våra liv. Vi kommer verkligen att få leva mycket välsignade liv. Utmaningen som kommer med att leva i Guds välsignelse, är att den kan bli vår avgud. Om det blir så kommer vårt huvudsakliga fokus ändras från intimitet med Gud, till att vi i stället fokuserar på att hålla i gång visionen. Detta kommer att förstöra vårt hjärta och göra det helt omöjligt för oss att leva rotade i Herrens kärlek och nåd. För att bevara oss från denna fälla, kommer Jesus att ta oss igenom prövningar, som är speciellt avsedda att uppenbara vad som finns i våra hjärtan.

Abrahams trofasthet

Abraham klarade denna prövning på ett lysande sätt. Han lydde genast Guds befallning. *"Tidigt nästa morgon sadlade Abraham sin åsna och tog med två av sina tjänare och sin son Isak. Sedan han huggit ved till brännoffer, gav han sig i väg mot platsen dit Gud hade sagt åt honom att gå"* (1 Mos. 22:3). Tidigt följande morgon tog Abraham med sig Isak och påbörjade den märkliga resan emot Moria berg. Abraham älskade sin son över nästan allt annat, men han älskade Herren ännu mer. Därför tvekade han inte att lyda Gud. Återigen är Abraham ett gott exempel för oss. När vi prövas av Herren bör vi alltid lyda så snabbt som möjligt.

Bästa sättet att finna friheten till att lyda Gud är att hålla fast vid våra visioner med ett öppet hjärta. Det gör vi genom att förvissa oss om att vi har vår identitet fast rotad i Kristus. Vi behöver vara rotade i Faderns kärlek och inse att vårt värde och godkännande, endast kan komma från honom. Att förbli i hans kärlek kommer alltid vara det viktigaste. När vi förblir i Kristus, så blir vi fria att lägga ner våra drömmar och visioner, om Gud skulle kalla oss till detta.

Att lita på att Gud kan uppväcka de döda

Vi läste tidigare om Abraham: *"I tron bar Abraham fram Isak som offer när han blev satt på prov. Sin ende son bar han fram, trots att han hade fått löftena"*… *Abraham räknade med att Gud hade makt att till och med uppväcka från de döda, och därifrån återfick han honom också, bildligt talat"* (Hebr. 11:17, 19). Abrahams tro visade sig här i att han var säker på att både han och Isak skulle återvända till lägret igen, efter att de hade tillbett tillsammans på berget. *"Han sade då till sina tjänare: Stanna här med åsnan. Jag och pojken går dit bort för att tillbe. Sedan kommer vi tillbaka till er"* (1 Mos. 22:5). Abraham kände Guds hjärta, och visste att Herren kunde föra Isak tillbaka till livet igen, om det skulle visa sig vara nödvändigt. Lite längre fram i denna berättelse visade Abraham återigen hur mycket han förtröstade på Herren. När de gick upp på berget Moria, ställde Isak en enkel fråga till sin far.

"Isak sade till sin far Abraham: 'Far'! Han svarade: 'Jag är här, min son'. Han sade: 'Vi har eld och ved, men var är lammet till brännoffret'? Abraham svarade: 'Gud kommer att utse åt sig lammet till brännoffret, min son'. Så fortsatte de sin vandring tillsammans" (1 Mos. 22:7-8).

Vi vet inte exakt hur mycket Isak kände till om det Herren hade talat till Abraham. Antagligen visste han inget om att Gud hade givit en befallningen att han skulle offras, men Abraham gav ett mycket profetiskt svar på Isaks fråga. Svaret pekade fram emot det offer som Jesus skulle göra på korset. Han var det offer som Fadern hade utsett. Jesus är Guds lamm, som blivit slaktat innan jordens grund ännu hade blivit lagd. Fadern försåg oss verkligen med offerlammet som kunde ta bort världens synd!

Slutligen nådde de den plats som Gud hade utvalt som offerplats och de byggde altaret där. Abraham tog sin son, band honom och lade honom på altaret. Men i sista stund, alldeles innan Abraham stod beredd att döda Isak, hindrades han av Herrens ängel. *"Och Abraham räckte ut handen och tog kniven för att slakta sin son. Då*

*ropade Herrens ängel till honom från himlen: 'Abraham! Abraham'!
Han svarade: 'Jag är här"* (1 Mos. 22:10-11). Abraham var beredd
att lyda Herren hela vägen. Han var faktiskt redo att offra sin son
och därmed alla Guds löften och sin egen framtid. Allt detta var
Abraham villig att göra för att han ville vara trofast mot Herren.
Detta om något, visar oss vilken gudsman Abraham var. *"Då sade
han: 'Lyft inte din hand mot pojken och gör inte något mot honom. Nu
vet jag att du fruktar Gud, när du inte ens har undanhållit mig din
ende son"* (1 Mos 22:12).

Gud försåg med ett offer

Direkt efter det att ängeln hade hindrat Abraham att offra Isak,
fick Abraham syn på det offerlamm som Herren själv hade utsett.
*"Abraham såg sig omkring och fick då syn på en bagge bakom sig som
hade fastnat med hornen i ett snår. Abraham gick dit och tog baggen
och offrade den som brännoffer i stället för sin son"* (1 Mos. 22:13). Nu
uppenbaras en viktig princip för oss. Isak representerade Guds
löfte och genom honom skulle Abrahams drömmar och visioner
bli uppfyllda. När vi blir så fullständigt fria på insidan, att vi kan
låta våra visioner, drömmar och kallelser dö, så kommer Herren
fylla dem med sin uppståndelsekraft. När vi lever med insikten
att Herren är vår sanne försörjare, behöver vi inte längre kämpa
med att hålla vår kallelse och vision levande. Detta är den största
orsaken till att Abraham fick en mycket större uppenbarelse av
Herren som sin försörjare, efter att han hade gått igenom denna
jobbiga prövning. *"Och Abraham kallade platsen Herren förser. I dag
säger man: Berget där Herren förser"* (1 Mos. 22:14).

Min fru och jag har överlåtit vårt arbete till Gud många gånger.
Det är bra för oss att påminna oss att vår vision och tjänst tillhör
vår Fader. Vi är bara förvaltare av vår tjänst, och det är viktigt att
vårt arbete aldrig blir viktigare för oss än Jesus själv. Därför ger
denna berättelse en så viktig lärdom om vad det betyder för oss
att ge upp våra rättigheter och följa Lammet. Det är så befriande
att förstå att vår identitet är i Kristus, och att han ansvarar för sitt

eget verk. De flesta gånger när vi känner oss ledda till att lägga ned våra visioner vid korset, så kommer vår tjänst att uppstå och vi får då bära ännu rikare frukt. Abraham och Isak återvände till sina tjänare, både levande och vid god hälsa (1 Mos. 22:19).

En stark bild av korset

Hela denna historia är en profetisk bild av korset. När vi läser de ord Gud talade till Abraham, kan vi se hur de förebildar ett ännu större offer som senare skulle göras av Herren själv. Gud sade till Abraham: *"Ta din son Isak, din ende son som du älskar, och gå till Moria land och offra honom där som brännoffer på ett berg som jag ska visa dig"* (1 Mos. 22:1). När Fadern talade om sin egen förstfödde Son, använder han liknande ord.

"När Jesus hade blivit döpt, steg han genast upp ur vattnet. Då öppnades himlen, och han såg Guds Ande sänka sig ner som en duva och komma över honom. Och en röst från himlen sade: Han är min älskade Son. I honom har jag min glädje" (Matt. 3:16-17).

Den stora skillnaden är att när vår Far offrade sin ende Son, som han älskar över allt annat, så fanns det inget annat offerlamm att välja i stället. När Abraham sade till Isak att Herren skulle förse med ett lamm att offra, så profeterade han om Jesus Kristus och hans offer på korset. Han är Guds lamm som utplånade världens synder en gång för alla. Genom Jesus Kristus har vi full tillgång till alla Guds välsignelser. Vår Fader är den Gud som förser med mer än allt det vi behöver.

Aktiveringsövningar

- I detta kapitel har vi läst om hur Gud prövade Abraham, genom att befalla honom att offra Isak. Ta tid att studera denna dramatiska händelse lite närmare, genom att läsa om den i 1 Mos. 22:1-19. Läs den här texten några gånger, i gemenskap med den helige Ande. Be honom tala till dig från denna berättelse. Skriv ner de insikter du får.

- Det finns många exempel i Bibeln på situationer där Gud prövade sitt folk. Hitta åtminstone tre exempel till, som visar på hur människor blev prövade på ett liknande sätt som Abraham. Studera deras upplevelser av detta i bön tillsammans med Jesus. Skriv ner det han visar dig.

- Vi såg hur Herren talade till Abraham, för att pröva hans hjärta. Har du någonsin blivit prövad av din Fader på ett liknande sätt? Vad lärde dessa prövningar dig om dina motiv och ditt hjärta? Avsätt tid att reflektera över detta tillsammans med Fadern. Skriv ned de insikter du får.

- Ta 20-30 minuter i bön. Gör denna tid av bön till en stund av överlåtelse till Jesus. Överlåt din kallelse till Kristus, men också dina drömmar och visioner. Bjud in din Fader att pröva ditt hjärta och rena dina motiv.

- Ta tid i förbön för Kristi kropp. Be Fadern att pröva oss och uppenbara våra motiv. Be honom rena oss från all avgudadyrkan, och i stället döpa oss i sin kärlek.

KAPITEL 20: ATT BEGRAVA DET GAMLA

Förr eller senare måste vi lämna allt det som tidigare har skett i vårt arbete och vår tjänst. Detta handlar inte bara om att vi måste lämna våra *dåliga* tider i livet. Det kommer också tider, när även det som producerade god frukt för oss, dör och måste begravas. Den insikten kan ibland vara mycket smärtsam. Abraham mötte detta när Sara avled. *"Sara blev hundratjugosju år. Så gammal blev Sara. Hon dog i Kirjat-Arba, det vill säga Hebron i Kanaans land. Och Abraham kom för att sörja Sara och gråta över henne"* (1 Mos. 23:1-2). Abraham och Sara hade nu levt ett långt, fruktbart och mycket välsignat liv tillsammans. Vi har redan sett att det inte alltid hade varit enkelt för dem. De hade upplevt både stora segrar, liksom svåra tider med mycket smärta och kamp. Men genom allt detta hade de övervunnit tillsammans med Herren och varit trogna sin kallelse och vision… men nu var Sara död. Abraham sörjde djupt förlusten av sin fru.

Att veta när den gamla säsongen ska begravas

Det krävs visdom för att veta om det är tid att gå i tro på att Gud ska välsigna ett arbete och en vision, eller om det är dags att låta den dö och begrava den. Det kan vara mycket smärtsamt att inse att något vi investerat en massa tid i att bygga upp, och som Jesus dessutom tidigare har välsignat, nu har dött och måste begravas. Det är nödvändigt att lära oss detta, om vi vill hålla oss fräscha i vårt liv med Gud och leva i en förnyad vision. Abraham fick lära sig hur han skulle hålla fast vi denna sanning, när han tvingades processa den smärtsamma förlusten av sin fru. Han var tvungen att lära sig hur han skulle ta sig igenom denna säsong av förlust. *"Sedan reste sig Abraham upp från sin döda och talade med hetiterna. Han sade: Jag är en främling och gäst hos er. Ge mig en egen gravplats hos er, så att jag kan begrava min döda'"* (1 Mos. 23:3-4). Abraham hade gått igenom en sorgetid, men nu var denna tid över och han behövde gå vidare med Gud. För att göra detta, måste Abraham lämna det liv han hade delat med Sara bakom sig. Ibland är enda sättet att bära frukt som består i Guds rike, att begrava det arbete som Gud använde under en tidigare säsong.

Begrav din gamla säsong med värdighet

Abraham levde som främling i löfteslandet, så han ägde nästan inget land själv. Därför ville han köpa en bit land för att begrava sin fru. Invånarna i landet hade stort förtroende för Abraham och de ville därför ge honom det land han behövde, för att han skulle kunna begrava sin hustru. De ville faktiskt ge honom detta land utan kostnad. Abraham vägrade dock acceptera detta generösa erbjudande, för han ville begrava sin hustru med värdighet. Av det skälet ville han ge full betalning för denna mark. Han hittade en plats som passade bra till detta, i grottan vid Makpela (1 Mos. 23:5-18). Abraham köpte den platsen till fullt pris av Efron, som hade varit den tidigare ägaren av denna mark. *"Därefter begravde Abraham sin hustru Sara i grottan vid fältet i Makpela mitt emot Mamre, det vill säga Hebron i Kanaans land. Marken och grottan som fanns där överläts så av hetiterna till Abraham som egen gravplats"* (1 Mos. 23:19-20). Abraham hittade platsen som han ville ha, och han begravde sedan Sara där. När vi låter vår gamla säsong dö och begraver den med värdighet, så blir den en källa till både tacksägelse och lovprisning till vår himmelske Fader.

Ett exempel på detta i mitt eget liv inträffade för några år sedan. Vi blev då ledda till att begrava en av de visioner som hade varit mycket fruktbärande i vår tjänst. När vi flyttade till norra Sverige började vi med en slags retreat, som vi att kallade helandehelger. Vi ordnade dessa retreater på ett antal platser i Norrland, under ganska många år. Hundratals människor blev både upprättade och befriade under dessa veckoslut. Jag hade tränat team i flera församlingar, som hjälpte mig förmedla helande och upprättelse till deltagarna under dessa helger. Varje deltagare fick dessutom ett personligt förbönssamtal. Vi fick med oss en hel del gripande och uppmuntrande vittnesbörd från dessa underbara helger. Till och med så här många år senare, får jag nästan tårar i ögonen när jag tänker på alla dessa helandehelger. Efter många otroligt fina år med dessa satsningar, så visade den helige Ande att det nu var tid lägga ned dessa helger.

Vi visste att budskapet om inre helande och upprättelse är en evig del av evangeliet, men vårt sätt att arbeta behöver alltid vara flexibelt. Vi insåg att det nu var tid att begrava denna fruktbara säsong. Eftersom vi begravde dessa helger med värdighet, så har de blivit en källa av tacksamhet till Gud. Vi fortsätter att betjäna med inre helande och personlig upprättelse, men vår strategi att göra detta ser ganska annorlunda idag. Vi är mer fruktbärande och effektiva i vår tjänst nu, och vi når betydligt fler människor, men jag kommer alltid att se tillbaka på den tiden med glädje och tacksamhet. Det var en underbar tid med Herren!

Att urskilja när säsongen av död har kommit

Salomo uttrycker denna sanning i Predikaren: *"Allt har sin tid, det finns en tid för allt som sker under himlen: en tid att födas och en tid att dö, en tid att plantera och en tid att rycka upp det planterade, en tid att dräpa och en tid att hela, en tid att riva ner och en tid att bygga upp"* (Pred. 3:1-3). Det finns olika säsonger i våra liv och tjänst. Mycket har sagts om att föda en ny vision eller att ta nya steg med Gud, men det är lika viktigt att veta när det är dags att låta ett gammalt arbete dö. Ibland behöver vi lägga ned våra gamla arbetssätt, för att det nya Gud vill göra ska kunna byggas upp.

Jag har lagt märke till att människor ibland försöker få tag på en formel som visar dem vilken säsong de befinner sig i just nu, men det finns ingen sådan formel. För att urskilja våra nuvarande och kommande säsonger, behöver vi bli ledda av den helige Ande. Detta är det enda säkra sättet att leva i Faderns timing. De goda nyheterna är att den helige Ande är mer än villig att hjälpa oss med detta. Han är expert på att hjälpa oss leva i Guds timing.

Det meningslösa i att fortsätta driva ett dött arbete

Döda traditioner formas ofta när en församling vägrar släppa en verksamhet som en gång bar frukt, men som nu har förlorat allt liv. Detta leder till religiös bundenhet, och de som sitter fast i att försöka hålla i gång en död vision, kommer att uppleva det som att de blir uttömda på allt inre liv. Några av de bästa beslut som jag har fattat tillsammans med Jesus, har varit att sluta jobba med det som inte längre bar frukt. Det är befriande att begrava gamla saker, och gå vidare in i en ny tid med Kristus. Vi brukar uppleva hur det relativt snabbt föds ny kreativitet och liv i vår tjänst, när vi begraver det gamla. Tråkigt nog har vi också sett, hur ganska många församlingar och visioner har förlorat sin kreativitet och sitt inre liv, eftersom de höll fast vid något som de nog borde ha begravt för längesen. Mycket av den lagiskhet och religion som finns i Kristi kropp, har fötts på detta sätt.

Nytt vin i gamla skinnsäckar

Att försöka få ny uppenbarelse att passa in i en gammal struktur, kommer att resultera i den tragedi som Jesus så träffande beskrev i följande liknelse: *"Och man häller inte nytt vin i gamla säckar. I så fall sprängs säckarna och vinet rinner ut och säckarna förstörs. Nej, nytt vin häller man i nya säckar. Då bevaras både vin och säckar"* (Matt. 9:17). Det nya livet från Gud, måste alltid hällas i vår nya säsong. Om vi får ta emot en ny smörjelse och försöker få den att passa in i vår gamla säsong, kommer det att förstöra allt på precis samma sätt som nytt vin spränger gamla vinsäckar. Vi behöver hälla nytt liv i varje ny säsong av vårt liv med vår Fader. Det är viktigt att förstå att våra uttryck och strategier för tjänsten alltid är förhandlingsbara, men uppenbarelse och nytt liv kan vi aldrig kompromissa med. Vi behöver Kristi liv för att leva i förnyelse.

Att beskäras för att bära mer frukt

Att begrava vår gamla säsong, för att kunna ta steget in i den nya säsong som Gud har för oss, är det enda sättet för oss att fortsätta bära god frukt. Detta är vad Jesus lyfter fram denna liknelse: *"Jag är den sanna vinstocken, och min Far är vinodlaren. Varje gren i mig som inte bär frukt tar han bort, och varje gren som bär frukt rensar han så att den bär mer frukt"* (Joh. 15:1-2). Att beskäras kan tidvis vara smärtsamt och även en aning ödmjukande, men det är inte avsett som ett straff. Fadern är vår personliga vinodlare som beskär oss så vi kan bära mer frukt. Det är alltid Faderns syfte med att forma oss. Det var detta jag beskrev alldeles nyss. Om vi hade fortsatt med de helandehelger jag berättade om, så hade vi missat många av de genombrott vi får se idag.

En personlig beskärningstid

En beskärningstid som utmanade mig personligen, hände under den nedstängning som föranleddes av covid 19-pandemin 2020. Vid den tid då nedstängningarna började, var jag upptagen med att resa över hela Skandinavien och i andra delar av världen, för att predika evangeliet. Det var en härlig tid för mig, för jag tyckte verkligen om att resa och besöka församlingar. Men så spred sig coronaviruset över världen, och allt stängdes ned. På mindre än en vecka blev nästan alla mina resor inställda. När jag då frågade Gud vad vi skulle göra i stället, så talade Herren till mig om att skriva böcker och att betjäna Kristi kropp via nätet.

Jag hade nästan ingen erfarenhet av att undervisa via nätet, och jag hade om möjligt ännu mindre koll på hur man skriver böcker, så denna säsong blev väldigt utmanade mig. Sanningen var dock att jag behövde gå igenom denna beskärningstid. Denna säsong gav mycket god och förblivande frukt i vårt arbete. Mina böcker, och våra kurser på nätet är nu en mycket viktig del av vår tjänst. Vi tar emot en stadig ström av vittnesbörd från människor som vittnar om hur deras liv förändrats genom våra poddar, böcker och våra kurser på nätet. Beskärningstider leder till mer frukt i våra liv. Detta är anledningen till att vi behöver lämna vår gamla säsong. Vår Fader är vår personlige vinodlare, som för oss in i en ny säsong av favör och fruktbärande!

Aktiveringsövningar

- I det här kapitlet har vi studerat vikten av att lämna det som har varit, för att vi skall kunna kliva in i det nya som Fadern har förberett för oss. Har du någonsin utmanats att lämna en gammal säsong? Var detta en fruktbärande säsong eller en ökentid? Utmanar Jesus dig att ta sådana steg just nu? Ta tid att reflektera över detta tillsammans med Jesus. Skriv ner det han uppenbarar för dig.

- Vi har just läst Matt. 9:17. I detta sammanhang tog Jesus upp behovet att lämna det gamla för att kliva in i det nya som Gud gör. Låt oss läsa detta sammanhang igen:

  "Och man häller inte nytt vin i gamla säckar. I så fall sprängs säckarna och vinet rinner ut och säckarna förstörs. Nej, nytt vin häller man i nya säckar. Då bevaras både vin och säckar" (Matt. 9:16-17).

  Ta tid i bön och reflektion över dessa verser. Bjud in den helige Ande att ge dig nya insikter i dessa sanningar. Be Fadern förbereda ditt hjärta, så att du kan lämna allt det gamla när han kallar dig att gå vidare med Jesus.

- Vi har sett att vi kommer att gå igenom många olika tider och stunder i livet med Herren. Vi läste om det från Pred. 3:1-8. Avsätt lite tid att studera och reflektera över detta sammanhang tillsammans med den helige Ande. Ta tid till att studera ämnet "tider och säsonger" i Bibeln.

- Ta 20-30 minuter i bön. Lägg dina säsonger i Jesu händer. Om du vet att du hållit fast vid gamla uttryck för ditt liv och tjänst alltför länge, så lämna över dem hos din Fader. Be Honom leda dig vidare in i något nytt.

Vi har nu kommit till det sista kapitlet av Abrahams livshistoria. Han hade nu blivit en gammal man med ett långt och välsignat liv bakom sig. Bibeln sammanfattar hans livsöde med dessa ord: *"Abraham var nu gammal och hade nått hög ålder, och Herren hade välsignat honom i allt"* (1 Mos. 24:1). Abraham hade mognat till att bli den trons fader, som Gud hade lovat att han en dag skulle bli, och hans fokus var nu på Isaks framtid. Abraham sökte efter en brud till sin son. Han ville förmedla sina välsignelser och löften till Isak, så att hans son skulle bli fruktbärande och förökas.

När vi fortsätter bygga den vision som Gud givit oss, kommer vi över tid att bli alltmer fokuserade på att dela de välsignelser som vi har fått med andra. Det är ett tecken på vår tillväxt i Faderns kärlek. När vi tar steget in i vår kallelse, så gör vi det vanligen genom att bryta ny mark i anden och inta nya områden för Gud. Men sedan vi blivit rotade och grundade i vår vision, så kommer vårt fokus att inriktas på att träna nästa generation och förmedla våra välsignelser till dem.

Att finna en brud till sonen

Vi konstaterade att det viktigaste för Abraham nu var att hitta en brud åt Isak. För att detta skulle kunna ske, skickade han sin egen viktigaste tjänare med detta uppdrag. *"Då sade Abraham till den äldste tjänaren i sitt hus, den som hade ansvar för allt som Abraham ägde"* (1 Mos. 24:2). Många har trott att denne tjänare var Eliezer, den man som Abraham utsett till sin egen arvinge, innan Isak var född (1 Mos. 15:2). Vi vet inte helt säkert om det var så, men detta visar oss vilket stort förtroende Abraham hade för denne tjänare. Abraham sände i väg sin tjänare, med ett antal mycket specifika instruktioner. Isaks brud fick under inga omständigheter vara en kananitisk kvinna. Hon måste komma från landet Ur, Abrahams eget land och släkt. Tjänaren sändes tillbaka dit för att hitta en brud åt Isak (1 Mos. 24:4). Om den kvinna som hade blivit utvald till brud åt Isak, skulle vara ovillig att följa tjänaren tillbaka till Kanaans land, så var han fri från den ed som han hade svurit till Abraham (1 Mos. 24:5-9). Med de instruktionerna i minnet, reste tjänaren hela vägen tillbaka till Abrahams hemland, för att finna en brud åt Isak.

Tjänaren ber om ett framgångsrikt uppdrag

När tjänaren kommit fram till Mesopotamien stannade han vid källan i staden, för att hans djur skulle få äta och dricka. Där bad han Gud om nåd att lyckas med sin uppgift. *"Och han bad: 'Herre, min herre Abrahams Gud, låt mig få framgång i dag och visa nåd mot min herre Abraham'"* (1 Mos. 24:12). Att be och förtrösta på Herren är vägen som leder framåt i Guds rike, vare sig vi följer en vision eller står i någon annan typ av tjänst med Jesus. Trons bön leder till genombrott och favör (Mark. 11:23-24). Tjänaren bad Gud om ett speciellt tecken i sitt sökande:

"Jag står här vid vattenkällan, och stadens döttrar kommer hit för att hämta vatten. Om jag ber en flicka: Räck mig din kruka så att jag får dricka, och hon svarar: Drick! Jag ger vatten åt dina kameler också, låt henne då vara den du har bestämt åt din tjänare Isak. På så sätt ska jag veta att du har visat godhet mot min herre (1 Mos. 24:13-14).

Medan tjänaren bad denna enkla bön i tro på Gud, så var svaret faktiskt redan på väg. Gud är mer mån om vårt genombrott, än vad vi är själva. Det blir tydligt i det som hände sedan.

Den utvalda kvinnan visar sig

Innan tjänaren ens hade hunnit avsluta sin bön, kom en ung och vacker kvinna till brunnen för att hämta vatten i sin kruka. Hon gjorde exakt det som tjänaren hade bett om som ett tecken. Hon gav honom vatten att dricka, och erbjöd sig även att vattna hans djur. Denna kvinnas namn var Rebecka och det visade sig att hon var barnbarn till Abrahams bror Nahor (1 Mos. 24:15-26). Genast föll tjänaren då ned i tillbedjan till Herren: *"Lovad är Herren, min herre Abrahams Gud, som inte har tagit sin nåd och trofasthet från min herre! Herren har lett mig på vägen hem till min herres släkt"* (1 Mos. 24:27). Tjänaren gav generösa gåvor till Rebecka, som nu blev så ivrig att hon sprang hela vägen hem, för att berätta för sin familj vad som hade hänt vid källan. Hennes bror Laban, skyndade då i väg till källan och hälsade på tjänaren. Sedan fick tjänaren följa med till Nahors hem. Där åt de middag tillsammans och tjänaren fick bo där som deras gäst (1 Mos. 24:28-32).

Rebecka reser med till de utlovade landet

Rebeckas familj tog emot tjänaren med glädje, och de gav honom ett varmt välkomnande. Innan de ens hade börjat äta, berättade tjänaren om det uppdrag han hade fått av Abraham. De insåg då att detta var Herrens plan, och de gick med på att Rebecka skulle resa med tjänaren tillbaka till Kanaans land och där gifta sig med Isak (1 Mos. 24:33-58). Innan hon lämnade sin familj uttalade de en kraftfull välsignelse över henne:

"Av dig, vår syster, ska komma tusen gånger tiotusen. Din avkomma ska inta sina fienders portar" (1 Mos. 24:60)!

Det finns kraft i att välsigna och tala ut Faderns löften över andra människor. Detta förlöser Herrens vilja och kraft till att verka för oss. Jag föreslår att du gör det till en vana att proklamera det Gud har talat över ditt liv, din familj och din tjänst. Detta blir ett sätt att samarbeta med Herren, genom att förlösa hans vilja över ditt liv och dina omständigheter!

Isak gifter sig med Rebecka

Tjänaren och Rebecka anlände till Abrahams hem i Negev. När de närmade sig hemmet såg de Isak i fjärran, som var ute på fältet och funderade. Rebecka dolde då sitt ansikte för Isak att och hon hälsade på honom (1 Mos. 24:62-66). Tjänaren berättade då vad som hände under resan. *"Sedan förde Isak in henne i sin mor Saras tält, och han tog Rebecka till sig. Hon blev hans hustru och han älskade henne. Så blev Isak tröstad i sorgen efter sin mor"* (1 Mos. 24:67). Och resten är historia!

En profetisk bild av Kristus och hans brud

Historien om Isak och Rebecka är en av de mest tydliga bilderna av Jesus och hans brud i Bibeln. I denna berättelse är Isak en bild på Jesus. Han är Abrahams säd, löftessonen. I Galaterbrevet visar Paulus att Kristus själv är Abrahams enda sanna avkomma: *"Nu gavs löftena till Abraham och hans avkomma. Det står inte: 'och dina avkomlingar', som när det gäller många, utan som när det gäller en enda: och din avkomma, som är Kristus"* (Gal. 3:16). Abraham är en bild av Fadern, eftersom han längtar efter att hans son skall få en brud, och sänder sin tjänare att finna henne i ett främmande land. Tjänaren är en bild på den helige Ande som är sänd av Fadern ut i världen, för att hitta och förbereda en vacker brud för Sonen. Rebecka är givetvis en bild av oss, Lammets hustru. Föreningen mellan Isak och Rebecka, blev både fruktbärande och välsignad. Deras avkomma förde med sig frälsning in i denna värld, genom Kristi födelse. Vår förening med Jesus är också fruktbärande. Genom vår förening med Kristus bryter Guds rike fram överallt. Hela världen ska bli välsignad genom oss!

Abraham gifter om sig och skickar i väg de andra sönerna

På ålderns höst gifte Abraham sig med Ketura, och de fick sedan både barn och barnbarn tillsammans (1 Mos. 25:1-4). En del har fört fram tanken att Ketura skulle vara Hagar, men jag har aldrig hittat något stöd i Bibeln för detta. Vad vi helt säkert vet är att de söner Abraham hade med Ketura förvisades, precis som Ismael. De sändes i väg till landet österut. Därefter gav Abraham allt han hade till Isak, löftessonen. *"Och Abraham gav allt han ägde till Isak. Men åt sönerna till sina bihustrur gav han gåvor, och medan han ännu levde sände han bort dem från sin son Isak, österut till Österlandet"* (1 Mos. 25:5-6). Vi ser här hur viktigt det var för Abraham att Isak ärvde allt han hade. Han försäkrade sig om att Isak skulle nå en nivå av välsignelse och fruktbärande, som med råge överträffade allt det som Abraham själv någonsin upplevt.

Välsignad och nöjd med livet

Som vi såg i början av det här kapitlet, blev Abraham välsignad med en spännande och mycket fruktbärande liv. *"Abrahams ålder blev hundrasjuttiofem år. Sedan gav han upp andan och dog i en god ålder, gammal och mätt på livet, och samlades till sitt folk"* (1 Mos. 25:7-8). När Bibeln säger att Abraham dog i en god ålder och nöjd med livet, så framgår det att han avslutade sitt lopp på ett bra sätt. Det är ofta enklare att börja bra och inspirerat i vår vandring i Kristus, men att fortsätta på samma sätt under resten av vårt liv är en betydligt större utmaning. Abraham gjorde det. Han gjorde ett antal smärtsamma misstag, och fick då också gå igenom några svåra perioder tillsammans med Herren. Men under allt detta förblev han trogen. Därför beskrivs han idag som en trons fader.

Abraham begravs med Sara

Isak och Ismael begravde Abraham i den grav som deras far hade köpt till begravningsplats åt Sara i Makpela. *"Hans söner Isak och Ismael begravde honom i grottan i Makpela mitt emot Mamre, på marken som tillhört hetiten Efron, Sohars son. Där på den mark som Abraham hade köpt av hetiterna begravdes Abraham och hans hustru Sara"* (1 Mos. 25:9-10). Abraham och Sara hade delat ett långt och välsignat liv tillsammans, men nu var de förenade också i döden.

Isak och Ismael kom tillsammans för att begrava din far. Det var en spännande återförening. Isak var Guds utvalde arvinge, men Herren hade också lovat välsigna Ismael. Han blev också far till ett folk och han var en välsignad man. Att Isak och Ismael kunde begrava Abraham tillsammans är ett profetiskt tecken som pekar fram emot att Fadern har tagit bort all fiendskap, och gjort oss till en enda ny människa i Kristus (Ef. 2:14-18). Herren har lovat att alla nationer skall bli välsignade genom Abrahams säd. Hans tro på Gud påverkade hela världen och idag kan vi leva i Abrahams välsignelse på ett mycket större sätt. Guds rike fortsätter växa på ett mäktigt sätt. Vi lever nu i mycket spännande tider!

Isak välsignades av Gud

Även efter Abrahams död och begravning, påverkas omvärlden fortfarande av hans liv och överlåtelse till Herren. Isak bar sedan välsignelsen vidare, och uppfyllde sin kallelse som den utvalde löftessonen och arvingen. *"Efter Abrahams död välsignade Gud hans son Isak. Och Isak bosatte sig vid Beer-Lahaj-Roi"* (1 Mos. 25:11). Isak växte upp och blev en välsignad och mäktig man som vandrade i fullheten av alla de välsignelser som han hade ärvt av Abraham. Dessa välsignelser tillhör nu oss som är i Kristus (Gal. 3:13-14).

Vänd fädernas hjärtan tillbaka till barnen

Abraham hade ett fadershjärta för sin son. Det är en sak att vara biologisk far till någon, men att ha en fars hjärta för sina barn är något mycket mer. Detta har genom hela historien visat sig vara en utmaning för Kristi kropp. Ofta har ledarna från den tidigare generationens väckelse, antingen missförstått eller förkastat sina andliga barn. Mycket ofta har motståndet mot det nya som Gud vill göra, kommit från de ledare och pionjärer som var ledande i det Gud gjorde förut. Samtidigt har efterföljande generationer av andliga ledare, ofta förkastat den erfarenhet och visdom som den äldre generationen kan erbjuda. Detta mönster är en förbannelse över Kristi kropp. Men Jesus bröt denna förbannelse på korset, och han har gjort oss till nya skapelser i Kristus. Därför behöver vi inte längre leva under någon förbannelse. Faktum är att Gamla testamentet avslutas med detta löfte om läkedom och upprättelse mellan generationerna:

"Se, jag ska sända er profeten Elia innan Herrens dag kommer, den stora och fruktansvärda. Han ska vända fädernas hjärtan till barnen och barnens hjärtan till deras fäder, så att jag inte kommer och viger landet åt förintelse" (Mal. 4:5-6).

Dessa verser är de sista i det Gamla testamentet, och de beskriver smörjelsen och mandatet som vilade över profeten Elia. Det är ingen slump att dessa verser citeras igen, alldeles i början av Nya Testamentet. Ängeln Gabriel hänvisar till denna profetia när han talar om Johannes döparens uppdrag som föregångare: *"Han ska gå före honom i Elias ande och kraft, för att vända fädernas hjärtan till barnen och ge de trotsiga ett rättfärdigt sinne och skaffa åt Herren ett folk som är berett"* (Luk. 1:17). Johannes döparen fungerade i Elias smörjelse, när han förberedde vägen för den kommande Kristus. Vi ska också flöda starkt i denna smörjelse, för att förbereda Jesu återkomst i härlighet.

Elias smörjelse

Kristi kropp kommer att verka i Elias smörjelse och tjänst, för att förbereda Kristi andra tillkommelse. Allt eftersom Jesu ankomst närmar sig, kommer denna tjänst gradvis att bli upprättad på ett mycket starkare sätt än vi har sett förut. Detta kommer att leda till försoning i Kristi kropp och leda till upprättelse mellan fäder och söner. Detta för med sig djupt helande, även för de djupaste såren i Kristi kropp, så vi kan leva i det gudomliga livets fullhet. Malaki ger oss ett löfte om detta i samma profetia som vi just läst. *" Men för er som vördar mitt namn ska rättfärdighetens sol gå upp med läkedom under sina vingar. Då ska ni komma ut och hoppa likt kalvar som släpps ur sitt bås"* (Mal. 4:2). Abraham verkade starkt i denna smörjelse, vilket var en av anledningarna till att Isak kunde bli så välsignad. Låt oss be Fadern om att utgjuta denna smörjelse igen över Kristi kropp. Att ha en fars hjärta till andliga söner, innebär att man hoppas och ber att kommande generationer ska bli ännu mer fruktbärande och välsignade än vad vi någonsin blev. Att bära på en sons hjärta gentemot sina andliga föräldrar, innebär att man längtar efter att hjälpa dem fullfölja sin kallelse från Gud. Detta är en av de allra viktigaste frukterna av att vi lär känna Faderns hjärta på djupet. Det är genom att förbli i hans kärlek, som andliga fäder och söner formas till sitt uppdrag i Guds rike.

Aktiveringsövningar

- I detta kapitel har vi studerat hur Abraham fann en brud till Isak. Denna historia är en kraftfull bild på Kristus och hans brud. Läs denna berättelse tillsammans med Jesus. Du hittar den i 1 Mos. 24:1-67. Bjud in den helige Ande att ge en djup uppenbarelse om Lammets brud. Skriv ner de insikter du får.

- Vi är kallade att ge våra välsignelser och genombrott till nästa generation. Reflektera över ditt eget andliga arv. Vilka välsignelser och skatter är de viktigaste för dig att föra vidare till de människor som du tränar och hjälper? Lista de tre viktigaste.

- Ta 20-30 minuter i bön. Be Fadern koppla ihop dig med de människor som du är kallade att resa upp i Kristus. Be honom ge dig nåd och visdom att förmedla det som Herren har gett till dig till många syskon i Kristus.

- Ta tid i förbön för Kristi kropp. Det finns två saker att be för, utifrån det jag har skrivit i detta kapitel:

  1. *Be att Lammets brud skall göras redo, och att vi växer in i vår identitet som hans brud.*

  2. *Be att Elias mandat och smörjelse kommer över oss på ett starkare sätt. Bed om upprättelse mellan fäder och söner och att välsignelser förs vidare mellan generationerna.*

  Be över dessa böneämnen. En del av er kommer att ta emot profetiska ord, eller en ännu djupare uppenbarelse av Kristi brud när ni ber. Skriv ner dessa ord.

AVSLUTANDE ORD

Vi har nu kommit till slutet av denna bok, och jag hoppas du har blivit välsignad av att läsa den. Själv hade jag verkligen glädje av att skriva dessa sidor. Jag känner alltid en ödmjukhet och litenhet inför att skriva om de stora rikedomar vi har fått som Guds barn. Välsignelsen vi nu har i Kristus är större än vi någonsin ens kan börja förstå. Du har Guds närvaro i dig och ditt liv är uppfyllt av alla Guds välsignelser. Du har blivit kallad till att sprida Faderns kärlek överallt och att utbreda hans rike. Att gensvara på denna kallelse, kommer att ge dig ett mycket rikt och spännande liv. Du är kallad att leva som ett Guds barn som vandrar i frimodig tro, och bär på himmelska visioner. Detta är den livsstil som Herren formade oss till:

"Jesus svarade dem: Jag säger er sanningen: Sonen kan inte göra något av sig själv, utan bara det han ser Fadern göra. Vad Fadern gör, det gör också Sonen. Fadern älskar Sonen och visar honom allt han gör, och större gärningar än dessa ska han visa honom så att ni blir förundrade" (Joh. 5:19-20).

Jesu beskrivning av sin relation med Fadern, uppenbarar vad det innebär att leva i Kristuslikhet och barnaskap. Du är inbjuden att leva utifrån Faderns hjärta, där du blir rotad och grundad i hans kärlek. Detta är vägen till både fruktbärande och vilsam tillväxt.

Dina anteckningar från aktiveringsövningarna

Om du har gjort aktiveringsövningarna i slutet av varje kapitel, så har du förmodligen skrivit ned de uppenbarelser som du har tagit emot från din himmelske Fader. Jag föreslår att du fortsätter be och reflektera över de insikter du har fått. Dessa är din Faders kärleksgåva till dig. Jag är helt övertygad om att du kommer att bli förvånad över hur mycket han har visat dig genom alla dessa aktiveringsövningar. Han kanske har gett dig så mycket material att du kan skriva din egen bok?

Ditt liv och din vision gör skillnad

Jag är fullt övertygad om att du kommer att leva ett välsignat och tillfredställande liv med Gud. Du har skapats till att bära mycket bestående frukt och Gud kommer att använda dig till att påverka många människor. Fadern älskar dig och har planerat en mycket spännande framtid för dig. Det som du bygger med Gud just nu, kommer att påverka den här världen mer än du någonsin skulle kunna föreställa dig. Din vision är viktig, för i den finns potential till att nå tusentals människor med Faderns kärlek. Detta är den stora anledningen till att Satan vill göra dig missmodig och få dig att dra sig undan. Hans värsta mardröm är att du ska gå in i din fulla välsignelse som Guds barn. Ditt liv gör större skillnad och sätter djupare avtryck än du tror. Det är viktigt att du kan ta till dig detta. När vi lever i visionen från Far, så kommer människors liv bli förvandlade genom Kristi kraft. Guds rike växer i vår värld genom de människor som gensvarar till hans kallelse.

Du är en välsignelse

Jag har skrivit denna bok för att uppmuntra dig att bryta dig ur alla religiösa boxar och traditioner som kan ha begränsat ditt liv. Anledningen till att detta är så viktigt, är att religionen hämmar din potential och dödar dina drömmar. Men detta kommer inte att drabba dig. Du har blivit välsignad för att vara en välsignelse för denna värld. Du har fått överflödande liv av Jesus och du har fått del i Guds rike. Du är kallad till att bryta igenom tillsammans med Herren, så att Guds rike kan växa och utbredas genom dig.

Du har blivit kallad till att se hundratals människor frälsta, lösta och upprättade i Faderns kärlek. Fadern älskar världen och han vill uttrycka sin kärlek genom dig. När du förblir i Guds kärlek, kommer det att styrka dig till att övervinna varje utmaning så att du göra allt det som Fadern kallar dig att göra.

Din bästa tid ligger framför dig. Jesu liv kommer att uppenbaras genom dig på ett starkare sätt än någonsin. Du är en välsignelse från Gud till den här världen! Jag vill avsluta denna bok med att än en gång påminna dig om det allra viktigaste: *Din Far älskar dig och han är mycket glad i dig!*

Vår Herre Jesu Kristi nåd, Guds kärlek och den helige Andes gemenskap vare med er alla. Amen (2 Kor 13:14).

BIBLIOGRAFI

När inget annat anges har bibelcitat hämtats från Svenska
Folkbibeln 2015; © 2015, Stiftelsen Svenska Folkbibeln,
Stockholm, och Stiftelsen Biblicum, Ljungby.

Bibelcitat som är markerade med SFB98 har hämtats från
Svenska Folkbibeln 1998; © Old Testament, Copyright (C) 1998,
Stiftelsen Svenska Folkbibeln, Stockholm. New Testament,
Copyright (C) 1996, 1998, Stiftelsen Svenska Folkbibeln,
Stockholm, and Stiftelsen Biblicum, Ljungby

Om författaren

Martin Reén bor i norra Sverige med sin fru Linda och deras barn Isak, Benjamin och Noomi. Deras gemensamma vision har alltid varit att känna Faderns hjärta på ett djupare sätt. De vill växa in i en djupare relation med Jesus, och längtar efter att formas till Kristuslikhet mer för varje dag. De vill sprida Faderns kärlek till hela Kristi kropp och visa på Jesu Kristi fullbordade verk, så att troende ska känna sig trygga i sin identitet som söner och döttrar och leva sina liv i Kristus. Martin och Linda reser i många olika länder och sammanhang i sin tjänst. De predikar på konferenser, undervisar på bibelskolor, seminarier och olika event via nätet. De är också väldigt engagerade i mission, ledarskapsträning och själavård.

Om författaren